戦争をしない国 日本

ドキュメンタリー映画「憲法と共に歩む」製作委員会●編

憲法と共に歩む

花伝社

戦争をしない国　日本　——憲法と共に歩む◆目次

はじめに　4

I　九条を再発見する　6

異なる潮流が激しくぶつかる、いまその時　ドイツ文学者●池田香代子　6

憲法九条、「素晴らしい！」　女優●田丸麻紀　10

II　憲法本音トーク　16

いまどきの人々と憲法をどう語り合うか　伊藤塾塾長●伊藤 真　精神科医●香山リカ

III　映画「戦争をしない国　日本」　43

——「シリーズ　憲法と共に歩む」第一篇　「戦争をしない国 日本」

平和憲法の歴史と役割を映像で検証　46

上映によせて　監督 ● 片桐直樹　50
戦争をしなかった六〇年の重さ　児童文学作家 ● 那須正幹　52

Ⅳ 歴史に学び未来を語る　53

国民は憲法とどう向き合ってきたか　一橋大学教授・憲法学 ● 渡辺 治　53
世界の中の憲法九条　ピースボート共同代表 ● 川崎 哲　61
日本国憲法の理念を暮らしと地域に　日本青年団協議会 ● 田中 潮　68
宗教者は憲法にどう向き合ってきたか　「宗教者九条の和」世話役・天台宗僧侶 ● 村中祐生　73
船員が徴用された暗黒時代の再来は二度と許してはならない　全日本海員組合組合長 ● 藤澤洋二　78
航空労働者と労働組合は憲法にどう向き合ってきたか　航空労組連絡会議長 ● 山口宏弥　80
港は産業と暮らしを支える日本の玄関口――港湾を軍事基地にしてはならない　全国港湾労働組合協議会議長 ● 元木末一　86
映画は憲法をどのように映してきたか　映画評論家 ● 山田和夫　88

はじめに

「自衛隊はどう見ても軍隊だ。憲法で変な解釈をするのではなく、すなおに憲法に自衛軍と書けばよい」

「世の中はどんどん変わっている。憲法だって変えればいい。『憲法を守れ』なんて言っている時代じゃないよ」

こんな会話があちこちで聞かれるようになっています。

安倍晋三氏が首相になり、任期中に憲法を「改正」すると言っています。憲法「改正」の手続きについての法律ができ、二〇一〇年くらいに国民投票が行なわれ、憲法が「改正」されることになるかもしれません。

憲法「改正」の最大の争点は九条です。九条は、日本は「戦争をしない国」になると誓い、戦力も持たないことにした条文です。この条文の「改正」をめぐって、今後各地で、各分野で様々な議論がおこなわれることになるでしょう。

私たちは九条の「改正」を大変危惧しています。九条の「改正」によって、日本が「戦争をしない国」から「戦争のできる国」になっていこうとしているからです。そこで、私たちはドキュメンタリー映画「戦争をしない国　日本」をつくり、現在全国各地でこの映画を上映していただいています。この映画では、九条がどのような歴史的背景の中で誕生し、その後九条が日本社会においてどのような役割を果たしてきたのかを、実際の様々な映像によって検証しました。九条を考えるにあたって、まずはその歴史を具体的に学ぶことが大事だからです。ぜひ多くの方々と共に学んでいきたいと思います。そこで、私たちは、本書を刊行することとしました。各分野の様々な方々に、憲法と九条の果たしてきた役割やその重要性についての意見や思いを語っていただきました。この議論をさらに広げていきたいと思います。

二〇〇七年五月

ドキュメンタリー映画「憲法と共に歩む」製作委員会

I 九条を再発見する

異なる潮流が激しくぶつかる、いまその時

ドイツ文学者　池田香代子

「憲法？　変えたらいいんじゃないですか？　だってもう古いし、日本って、強くない感じがしますもん。変えたらなんか面白いことになるかもしれないし。変えようって言ってる人たちがいるんだから、一度変えてみたらいいんじゃないですか？」

明るい笑顔で若者が言います。かれらは、憲法を変えると戦争につながるかも知れないとわかっていて、そのうえで改憲に賛成なのです。若い人には戦争の実感がありません。それは、六〇数年、このくに

が戦争をしなかったからにほかなりません。若い人びとにとって、それはすばらしいことだと、すなおにうれしく思います。反面、おとなの側に、戦争とは何か、若い人びとにじっくりと考えてもらう努力が足りなかったことを、痛恨とともに思い返します。

「いや、そんなことはない、わたしたちは戦後ずっと、平和がいかにかけがえのないものか、戦争がいかに悪であるかを語りあい、若者にも伝えてきた」とおっしゃる向きもあるでしょう。たしかに、わたしたち市民は戦争を語り継いできました。その流れの中で、戦争を放棄した憲法を重く受けとめ、誇りに思い、そこに希望を託してきました。

けれど、司法はどうでしょう。基地や戦後補償にかんする事例で、憲法を究極のものさしとして尊重してきたでしょうか。それは政治の問題だから裁判所は踏みこまないと、だんまりを決めこんできたのではないでしょうか。では、その政治はどうでしょう。戦後、ほぼ一貫して政権になってきたのが、改憲を党是にかかげた党だったために、政治の場面からは憲法へのうっすらとした、あるいはあからさまな軽視や敵視が伝わってきてはいなかったでしょうか。それらが相俟って、憲法を軽んじ貶める、と言ったら言い過ぎなら、憲法をできるだけ無視する風潮が、教育の現場をふくめた社会全体にいつのまにか定着していたのではないでしょうか。

若い世代は、そんな空気を吸って育ったのです。かれらが「変えてみたら？」と、軽く言い放つのも無理からぬことだと、わたしは思います。

戦争を経験し、平和憲法の尊さを骨身に染みて理解しておられる方がたに、失礼をお許し願って、すこし酷なことを申します。ときどき、「戦争はもうこりごり」とおっしゃる方がたがいますが、それは厭戦の感情です。感情はだれかほかの人に受け渡すことができません。それは感情の押しつけであり、反撥をくらうこともあります。「負けたからそんなこと言ってるんでしょ。だったら今度は負けないようにすれば？」とか、「自分たちが巻き添えになるのはいやだけど、そうじゃなければいいってことじゃない？」とか。

格差が進む社会の中で、失うものも未来の展望もないと思い定めた若者たちが、戦争に抵抗感を覚えず、むしろ歓迎して、反戦を言う人びとを、平和で安定した社会の恩恵の食い逃げ世代と切って捨てないと、だれが断言できるでしょう。

そして、感情はその持ち主がいなくなるとき、持ち主とともに消えます。感情は、世代を超えた保存がきかないのです。ですから、感情に頼っていてはだめだと思います。それがまっとうな感情だと、その持ち主がいくら信じていても、だめだと思います。

大切なのは、感情を生活の思想に鍛えあげることではないでしょうか。そのうえで、思想へと鍛えあげる元になる感情をもたない世代に多様な事実を事実として伝え、事実に即して自分の頭で考えてもらうのでないと、内外におびただしい犠牲を払って手にしたわたしたちの憲法は、受け継がれ得ないのではないでしょうか。

じつは、憲法の思想が次世代に根づくには、もうひとつの可能性があります。もう一度、戦争に負けることです。勝つほうがいいかもしれません。戦争は、たとえ勝っても人間には受け入れがたいのだということが、今度こそはっきりしますから。ある種の企業や金融資本やそこにつらなる政治勢力はともかく、一回きりの人生を生きる一人ひとりにとっては、戦争はけっして容認できないのだということが。

でも、それはあまりにも犠牲が大きすぎます。ところが、現政権のシナリオは、じわじわとそちらに向かって動いているかに見えます。けれど、それにたいする警戒心も、にわかに呼び覚まされています。ここ数年、改憲には賛成だけど九条改憲には反対、という人がぐんぐん増えているのがその証拠です。二〇〇七年の春の連休、みのもんたさんはテレビ番組の中で、少なくとも二度、与謝野晶子の「君死にたまふことなかれ」を引用し、安易な改憲論に警鐘を鳴らしました。世間の風潮に敏感な人気司会者のこの発言に、わたしは潮目が変わったことを読み取ります。

潮目では、異なる潮流が激しくぶつかり合います。いまはその時なのでしょう。これは今後一〇年単位で続くでしょう。その果てに、九条改憲を、わたしたちは押し返すでしょう、たぶん。わたしたちが厭戦の感情を反戦の思想に鍛えあげるとき、「たぶん」は「きっと」に変わると、わたしは思います。

池田香代子
一九四八年東京生まれ。ドイツ文学者。口承文芸研究。

訳書に『ソフィーの世界』（NHK出版）、『グリム童話』（講談社）『夜と霧』（みすず書房）『やさしいことばで日本国憲法―新訳条文＋英文憲法＋憲法全文』（マガジンハウス）など多数。

著書に『世界がもし100人の村だったら』1〜4（マガジンハウス）『11の約束――えほん教育基本法』（ほるぷ出版、共著）『哲学のしずく』（河出書房新社）など多数。

日本口承文芸学会所属。世界平和アピール七人委員会メンバー。

『世界がもし100人の村だったら』の印税で設立した「100人村基金」で、日本国内の難民申請者や各種NGO、ネパールの小学校などを支援している。

憲法九条、「素晴らしい！」

女優　**田丸麻紀**

ドキュメンタリー映画『シリーズ憲法と共に歩む』製作委員会は女優の田丸麻紀さんに憲法についてのインタビューをしました。
日本国憲法の制定には憲法研究者である鈴木安蔵らが重要な役割を果たしました。田丸さんは、その経過を描いた映画「日本の青空」で当時の様子を浮き彫りにしていく編集者の役を演じました。

――映画「日本の青空」で、田丸さんは、日本国憲法の制定に大きな役割を果たした鈴木安蔵さんの仕事を描き出す編集者の役を演じられました。初めて台本を読まれた時は難しいと感じられたそうですが、かなり勉強したんじゃないですか。

田丸　私は、現代を生きる編集者として、日本国憲法が制定される頃の鈴木安蔵の仕事を追う役でした。それは映画を観る方がたに鈴木安蔵がしてきたことを伝える、いわばエスコート役でした。ですから、映画の内容を理解し納得しながら演じなければならないと思い、いろいろと勉強しました。この映画は重要なキーワードも多いので、少し苦労しました。

先人の様々な努力に学ぶ

――田丸さんは、日本国憲法は外国人が用意してできたものだと思っていたそうですね。学校でそのように習っていたということですか。

田丸 これからの日本人はこうしなさい、と言って今の憲法が外国人によって用意された、というような教科書の記述があったような印象があるんです。ですから、映画の台本を初めて読んだ時、私はすごく嬉しかったんです。「へぇー、そうなんだ。今の憲法は日本人が日本人のことを考えてつくったんだ」って、誇らしく感じたんです。その台本は、私にとっては台本というより、知らなかったことを教えてくれる教科書のように思えました。

――田丸さんは、いまの憲法は「日本人にぴったり」って表現されましたが、台本を読んだ時に、もうその時に、そう思ったんですね。

田丸 日本人の肌に合っているように思いました。

――初めは難しく感じた台本も、それを何度も読むうちに、この映画には大事なことがたくさん詰まっているように思うようになった、ということもおっしゃっていますね。

田丸 この映画の主題の一つは憲法九条だと思います。私と同年代の世代は平和な社会に生きてきましたが、憲法九条の存在をどれだけみんなが意識しているのかなって思うんです。どのような経緯で憲法九条がつくられたのかを、この映画を通じて多くの人々に考えてもらえれば、と思っています。

――田丸さんは、鈴木安蔵の奥さんを例にして、戦前の女性たちがつらい思いをされながらも、言うべきことを言い、その結果女性の地位が向上してきた、ということもおっしゃっています。モデルから女優になり、デザイナーもされ、いろいろなことに好奇心を持ち、自分がやりたいことをやっておられる田丸さんは、今の憲法が示す「自由に生きる」ということを大切にしたい気持ちが強いのではないでしょうか。

田丸　本当に私は幸せに生きてきていますが、それはそのような環境に恵まれたからだと思います。このような環境がつくられてきたのは、実は過去様々な人々が様々な努力をしてきた結果なんだということも、この映画に出演して、あらためて感じることができました。

気軽に憲法を語り合い、学ぶ

――いまの日本社会は、日本国憲法の制定によって、人々が「自由に生きる」ことが基本的に保障されるようになりました。同時に、現実には多くの人々が苦しい生活を余儀なくされています。田丸さんが演じた編集者も派遣労働者であり苦しい立場です。そのお父さんも過労死されました。こうした社会の現状をどう思われますか。

田丸　社会の現実の難しさや苦しさに対して、憲法は社会のあるべき姿の理想を掲げていると思います。理想を表現することによって社会の現実を変えていけることは素晴らしいことではないでしょうか。私は前向きに受けとめたいと思っています。

――日本国憲法は理想ばかり掲げていて、それでは現実に合わない、という声も聞かれます。九条もそのように言われることがありますが、田丸さんはそうは考えないということですね。

田丸　ものごとを現実の範囲内で済ませてしまったら、現実は理想を超えられないと思うんです。理想は高く掲げ、常に現実を理想に近づける努力をしていく必要があると考えているんです。日本が憲法九条を持っていることは素晴らしいことです。私たちは自信を持っていいと思っています。

――映画「日本の青空」の中に、オープンカフェで憲法について語り合うシーンがあります。田丸さんはもっとカジュアルに、日常的に憲法を語り合いたいとおっしゃっていますね。

田丸　やっぱり憲法というのは縁遠いし難しいというイメージがあります。でも、私はこの映画に出演して考え方がだいぶ変わりました。つまり、憲法のことを知っているのと知らないのとでは、いろいろなことについての感じ方がずいぶん違うということがわかったんです。だから、憲法についてももっと気軽に語り合い、理解が広がる機会が増えればいいなぁ、と思っています。

――考え方が変わったということですが、具体的にはどういうことですか。

田丸　私たちが幸せに生きることのできる今の社会というのは、過去の様々な人たちの努力の結果できあがっているんだということですね。

「戦争放棄」は力強いメッセージ

――そうですよね。ところで、「日本の青空」を観た人たちの感想はどうでしたか。特に、田丸さんと同世代の人たちはどうでした。

田丸　私の友だちに聞くと、八割くらいは、日本の憲法が日本人によってつくられていったことを知らなかったと言っています。私だけでなく、同世代の多くが、日本の憲法が外国人によって用意されたものだと思い込んでいたんです。

――「日本の青空」のスタッフの皆さんは、映画を完成させ、どんな手ごたえを感じておられるんでしょうか。

田丸　映画が完成した打ち上げの時、人々の幸せや平和を描く映画をつくることができたという達成感を多くのスタッフが言ってました。

――田丸さんが演じた編集者の恋人役を演じた、谷部さんともいろいろなお話をされたのではないでしょうか。

田丸　はじめて台本をもらった時は、彼も私と同じで、「難しいね」と言っていましたが、映画を撮り終えた後、お互いに「社会の様々なことを興味深く感じるようになったね」という話をしました。

――映画への出演を通して、田丸さんは、日本国憲法は日本人自身によってつくられていったということを、新たに理解されたとおっしゃいました。その他に憲法について学んだことはありますか。

田丸　だんだん、日本国憲法は美しいって思うようになってきています。

――美しいって、どういうことでしょうか。

田丸　お行儀がいい感じがします。そして、九条の「戦争放棄」って、すごく力強いメッセージですよね。理想が高くていいと思います。

――憲法は一番重要な法だから、みんなが守らなければならないと思われるんですが、実は憲法を守らなければならないのは国会議員や政府の人たちなんですよね。このことも多くの人たちに伝えていきたいですよね。

田丸　国民が守るものとしてではなくて、国会議員や政府の人たちが守るものとして憲法というものができたんですよね。実は、私もそのことを知りませんでした。「へぇー、そうなんだ」ってびっくりしました。

――最後に、「日本の青空」の魅力を、あらためて語っていただけますか。

田丸　憲法とその誕生を通して、日本という国の魅力を発見できる映画だと思います。ぜひ多くの人々に楽しんで観てもらえればと思っています。

――私たちがつくったドキュメンタリー映画「戦争をしない国　日本」ともども、「日本の青空」が多くの方々に観てもらえれば、と思います。本日はありがとうございました。

田丸麻紀

　大阪府出身、一九七八年九月四日生まれ。モデルを経て、二〇〇三年三月に女優に転進。二〇〇七年三月公開の映画「日本の青空」などに出演。二〇〇七年六月公開の「アコークロー」主演（美咲役）。

II

憲法本音トーク
――いまどきの人々と憲法をどう語り合うか

伊藤塾塾長　伊藤　真
精神科医　香山リカ

香山リカさん　伊藤真さん

伊藤　私は今、あちこちで憲法の講演をさせていただいてるんですけど、やっぱり年配の方が多いですよねぇ。ただ、憲法公布六〇周年の一一月三日に、神戸で七五〇〇人が集まってイベントをやったんですね。そこでは一〇代、二〇代の若い人たちも、憲法九条にちなんだTシャツを自分たちでつくってきてファッションショーをやったり、一緒にそのイベントを盛り上げる、作る側になったんです。まぁ、わりと成功したイベントの一つだったかなと思うんです。

香山　私も、たまにそういう集会に行くんですが、いつもジレンマを感じるんです。そういうところにも、もちろん熱心な一〇代の人とか、大学生なんかも来てますけど、やっぱりその人たちは、もともとわりと社会問題に関心があって、たとえば環境を守ろうとか、そういう運動をする中で、憲法のことにも関心を持つようになって参加していると思うんです。すごく変な言い方しますと、その人たちには、もう今さら、憲法のことを言う必要があるのかなぁーって気がするんですよね。問題はそういうところには来ていない、大多数の人たちにどう憲法のことを伝えるか、ということですよね。

伊藤　そうですよね。

香山　そこではね、こんなに若い人たちも熱心なんだから、まだまだこの世の中も大丈夫なんじゃないかって、つい錯覚しそうになるんですけれど、ここにいるのは今の若い人たちの、本当にごく少数なんだ、ということをいつも自覚しなきゃいけないと思いますよね。

伊藤　高校の生徒会活動なんかで、一部に熱心な生徒がいたりするじゃないですか。で、大多数はやっぱりそれを見てるだけ、みたいなところ、ありますよね。

香山　そうですよねぇ。憲法を守ろう、みたいな話をする場っていうのは、俺たちはこう思うよな、とか言って盛り上がって、それは正しいんだとか、そこで気勢をあげて。なんかちょっと違うんじゃない、とか思っちゃって。

　私、以前そういう会に行って、お集まりの皆さんは熱心な方が多いので、憲法の大切さっていうのは十分におわかりですが、って言って、その後に、でもこの場が世の中の縮図だと思ったら大きな間違いだっていう話をしようと思ったんですよ。で、そこで実際に「すごく熱心なみなさん方がお集まりですが」って言ったら、もうそのときにもう、みんなガァーって拍手をしちゃって……

伊藤　でっ、……。

香山　わっ、違う！　ここじゃない！　ここは拍手するところではないんだ！　とか言ったんです。その時のことを思い出すとなんか震えてきちゃうっていうか、私にはすごくは象徴的なことなんですね。その後で、皆さん盛り上がってますけどね、ここに集まってるのは、演壇にいるのも、会場にい

るのも、憲法は大事だっていうことを重々わかってる人が来てるので、本当にそうだよなとか言って確認しあってね、それで家に帰っておいしいビール飲んで寝るっていう、それだけではね、私たちのある種の自己満足みたいになってしまう可能性があるとかって……。なんか最近そういうところに行くと、いらないことばっかり言っちゃうんです。

伊藤　それはひとつのオアシスじゃないですかね。やっぱりまだ、憲法が重要だなんていう人間は世の中じゃ少数派のように言われているじゃないですか。まぁ、実際には、客観的にはよくわからないですけど。

香山　そうですよね。

伊藤　少数派であるがゆえに、自分たちを鼓舞したいっていう気持ちすごくあると思うんですよ。

香山　あるいは、そういう私も最近、わりとこういう発言しているという批判も多いので、そういう場に行くとみんな暖かいわけじゃないですか。すると、すごくこう、いわゆる癒される……。

伊藤　癒されるんですよねぇ。

香山　「ああ、私も正しいことを信じてるんだ」とか感じ合う、そういう空間を求める気分があると思うんですね。みんなそれぞれの場所では少数派になりがちな人たちが集まって、私たち正しいんだよね、とか、わかってくれないほうがおかしいんだよね、とかって言い合う。ちょっと嫌な言い方だけど、そんなところがありますよね。

伊藤　私はよく「仲良しクラブ」って呼ぶんですけどね。

香山　ああ、そのほうがいいですね。親切な言い方ですね、まだ、優しい。

伊藤　「仲良しクラブ」の中で盛り上がってるのは、結局、「愛国心だ、日本人だ」って言って盛り上がってるのと変わらないんじゃないの、っていうようなことですよね。

憲法を守る運動って上品すぎっ！

香山　そうですよね。それで私はみんなに「少数派だということを認識してますか？」って聞くと、意外と楽観的な人が結構多いんですよね。「いや、そうは言ってもね、憲法改正の国民投票になれば賛成票の方に投じる人は少ないんじゃないか」とか「いや、今は確かに憲法改正の意見が増えているけど、こうやって地道に、一人ひとりに説明していけば、きっとわかってくれる」とかっていう人が結構多い。私が、まぁ脅すわけじゃないですけど、「たぶん無関心の人も含めれば形勢は非常に不利だ。もうこうなったら一発逆転しかないんじゃないか。そのためにはね、なんか策を考えたりしないといけないんじゃないんですか」とかって言っても、だいたい出てくるのは、「そんな奇策を弄してもしょうがない」とか「人を騙すようなことはねぇ……」という反応がすごく多い。

伊藤　奇策って、例えばどんなの？

香山　たとえば、なかば冗談なんですけど、今すごくテレビなんかで心霊主義が流行っていますよね。もうこの際、憲法を変えたら日本の守護霊が怒って、とんでもない災害が起きるとか、心霊主義的に見ても、スピリチュアル的に見ても、憲法を変えないほうがいい、とか、そういうことをテレビでも言ってもらう。インチキ詐欺師みたいな人を連れてくるようで、まぁその是非はともかく、そうしたら若い人たちが憲法を変えたら大変だと思ったりして……。

伊藤　インチキ詐欺師か。（笑）
香山　「そんな人を騙すようなことをしても、気持ちは伝わらない」とかって言われたことがあったけど、私は「それでは、（憲法「改正」が危険だということが）伝わらなくて、結局は「改正」になってもいいってことですか？」と言ったんです。
伊藤　うーん、そうですよねぇ。
香山　それじゃあ、なんか試合には勝ったが勝負には負けた、とか言われるような感じですよねぇ。
伊藤　強いけど負けたってねぇ。
香山　でも、やっぱりそこで戦え、とかというと、今度平和主義じゃなくて、なんか軍国主義みたいですけど（笑）、私はなんかもう地を這ってでもっていうか、もうどんな卑怯な手を使ってでもね、とにかく憲法「改正」をくいとめなきゃいけない、っていうぐらいの気持ちはないと困るんじゃないかな、って思っているんですよねぇ。
伊藤　仰るとおりで、やっぱりなんか、憲法を守る、っていう人たちにはお上品な感じがしちゃって、貪欲さっていうかな、そんなのに欠けるような……。
香山　小泉さんが「郵政選挙」で勝ったときには、ある種の必死さがあったと思うんですよ。もう殺されてもやる、とかっていう本気さがありましたよね。たぶん有権者もその必死さみたいなので胸を打ったわけですよね。私は憲法を守るっていう人たちの側にも、もちろんみなさん真剣だとおっしゃると思うんですけれども、私からするとねぇ、まぁあまり下世話なことはしたくないとか……。
伊藤　格好つけたがるところもあるかもしれませんよね。
香山　まぁねぇ、憲法「改正」の場合、私たちは正しいことをしたんだって言って満足してすむ話ではないですよね。
伊藤　それはないですよ。やっぱり結果が全てなんですよ。いったん憲法「改正」が通ったら、まずそれがひっくり返ることはない。もちろん憲法「改正」をくいとめるために「汚い手を使ってでも」とは言わないけど……。
香山　はい、はい。
伊藤　本当になんとしてもくいとめる、っていうことをしないと。
香山　いま本屋さんに行くと、ビジネスマンのための心理術とかっていう本が山のようにあって、まぁセールストークのやり方とか、ほとんど騙しに近いような説得術とか、相手の心理につけこむ方法とかが書いてあるんですよね。でも物を売る人たちってのは、そういうのも必死に読むんですよね。
伊藤　そうですよね。
香山　とにかくまぁ、この商品はいいものですって言う時に、相手の心をつかんで、物を買ってもらうわけですよね。私、憲法を守ろうという人たちには、物を売る、あのビジネスマンたちがやっていることも、もうちょっと勉強してほしいなぁ、なんて思っちゃうんです。愚直に、正しいことを言えば、いつかわかってくれる、と言っているようだと、私はちょっとそれ悠長すぎる話なんじゃないかって思うんです。あるいは、テレビばかり見ているとバカになるからあまり見ない、っていう人とかいるんですけど、それも違うんじゃない、って気がします。あなた自身はそれでもいいけど、まぁ有権者と言われる多くの人たちは、やっぱり何かを求めてテレビを見ているんであって、憲法を守るためにはそういう人たちにも訴えなきゃいけないいんですよね。

正面から訴え、まじめに向き合ってみる

伊藤　私は学校に呼ばれて、高校生に話をするときがあるんですね。そうすると、あぁ、やっぱり憲法ってのは大切なんだなぁとか、いいもんなんだなぁとか、本当に純粋で素直な子たちがそのまま受け止めてくれたりするんですね。ところが、そうだったということを大人に話したりすると、それは洗脳だって言われることがあるんですよ。私はその洗脳でいいじゃないかって……。

香山　うん、私もそう思いますよ。

伊藤　まさにね、若いころにがんがん憲法の大切さを伝えないといけないと思うんですが、いやもっと生徒たちにはいろいろ批判精神も同時に植えつけなくちゃいけないとか……。

香山　すごく〝よきにはからえ〟ですけど、悠長ですよねぇ〜。

伊藤　悠長だと思うんですよねぇ。本当に素直に感じてくれてる子には、どんどん伝えていかないといけないと思うんです。

香山　いや、だってね、北朝鮮の核実験については過去の映像なんかも使って、おどろおどろしい音楽とともにガーンって出してきて、ああいうの見ると、確かに若い人なんかは、これは大変だって思うのは、ある意味当然だと思うんですよ。それだってマインドコントロールだと思うんですよね。そういう現実がある以上はこちらも、っていうのもおかしいですけども、ある種それに対抗する方法を持ってやっていかないといけないわけですよね。

伊藤　だと思いますよね。そこでなんか、あまりきれいごとばかり言っていたり、格好つけてたらい

かがか、と思いますよね。

香山　そうですよねぇ。

伊藤　私なんかも、司法試験などの受験生が絶対に合格するという、その気になってもらうことが重要な仕事なんですよ。

香山　モチベーションを高めるんですね。

伊藤　司法試験は難しい試験なんだけれども、自分でも受かるっていう気になってもらうのが、あと、そのモチベーションを高いレベルで維持してもらうことが、実は一番大切なんです。試験勉強は結構期間がかかりますから、落ち込みそうなときにどう自分自身を支えるか、ということなんです。そこで、自分もやればできるかもしれないという自信を持ってもらうことが重要なんです。

香山　ある意味で心理療法的ですよね。

伊藤　でも、そんなの詐欺だって言われたりするわけです。全員受かるわけじゃない、客観的には受かる人はごくわずかじゃないか、ってことです。もちろん合格できると思ったからといって、誰もが絶対一〇〇%受かるわけじゃないけれども、でもそう自分を信じなかったら、まぁほとんど合格は不可能だと思うんですよね。

香山　まぁそうですよね。

伊藤　そのときに、あんまりきれいごと言っても仕方がないだろうと思うんです。だから、もう憲法を変えるべきだと思い込んでいる人を説得するのは、それはなかなか大変そうだと思うんですけど、まぁどっちでもいいなぁと思ってる人たち、それよりも家でテレビを見ていたほうがいいやと思ってる、そんな層の人たちには明確に伝えていかないといけないと思うんです。

香山　その点、あの爆笑問題の太田光さんがね、明確に憲法「改正」に反対していることって重要ですよね。

伊藤　素晴らしいですよね。

香山　太田さんの本『憲法九条を世界遺産に』(集英社新書) がすごく売れてるし、評判にはなっていますよね。

ただ、私はね、あの本はもっとスキャンダラスなものとして取り上げられるかなと思ったんですけど、それはなかったじゃないですか。私は、太田さんはそれなりの覚悟をもって、もうこれでテレビの世界で干されるかも、っていうぐらいの覚悟を持ってあの本を出されたんじゃないかと思うんですけれど、なんかこう、別にそれはそれとして、まぁ「爆笑問題」としては相変わらずテレビでも重宝がられて、出てますよね。だからといって、じゃあ太田さんの発言をみんなが受け入れているかっていうと、なんかそうでもない。あれはあれ、これはこれ、みたいな感じに分離されていますよね。私は、あの人気者の太田さんがここまで言ったっていうんで、問題発言じゃないか、なんて言われるくらい社会的な話題になればよかったと思うんですけどね。なんか全体的に、まじめな議論が行われない風潮があるように思いますよね。

太田さんは、小泉さんから桜を見る会に誘われた時に、政府に批判的なこと言ってるんで何か言われるんじゃないかと構えて行ってみたら、小泉さんからは、いやぁどうもどうも、よくテレビに出てるね〜、じゃあ、とかということで肩透かしだったみたいな話をあの本の中に書いてるけど、まさに今、全体がそうだと思うんですよ。太田さんがあれだけ真剣に言ってるんだから、みんなもうちょっと真剣に取り上げてあげないとかわいそうだなって気がするんですよね。

伊藤　そうですよねぇ。やっぱりその真面目に向き合うってことが、あまりなくなってきていますよね。
香山　そうですよねぇ。
伊藤　ちょっと外すって言うのかな。

いま若い人たちが拠り所を求めている！

香山　ところで、でもどうなんでしょう。私が今一〇代だったら、本当に憲法を守るって言うのか、どっちだろうなぁ、ってよく考えるんです。なんか今、きっちり現実を見据えてる気分になっている人たちは、やっぱり北朝鮮の問題とかそういうニュースなんかを見て、ちゃんと改憲っていうのを考えるほうが社会的意識が高いっていう、今たぶんそういう雰囲気があるんじゃないかと思うんですね。
伊藤　リアリストってやつですね。
香山　そうそう、だと思うんですよね。
伊藤　そのほうがやっぱり、社会を見てるとか、格好いいとか……。
香山　ああ、そうですよね。ちゃんと考えてるっていうか。
伊藤　非武装だとか、そんな夢みたいなことばっかり言っていられないぞ、自分は考えてるぞ、っていうような感じですかね。
香山　そうですよねぇ。そういうのがあるんじゃないですかね。無関心という人が多いのかもしれないけど、ものを考えたいとか、いろいろ知りたいっていう人は、なんか改憲にいかざるを得ない、っていうような状況もあると思うんですよ。で、ちょっと背伸びして、なにか読んでみたいと思っても、私がもし今の若者だったら、やっぱり小林よしのりさんの『ゴーマニズム宣言』とかを読んじゃうと思うんですよね。いわゆる平和主義の本で、これだったら読んでみたいっていうものが、たぶん今、若い人たちに魅力的なものってそんなにないんじゃないかな、っていう気がしますよね。

伊藤　なんか、やっぱりナショナリズムだとか、改憲のほうが、こう、熱くなれる感じなんですよね。

香山　そうかもしれないですよねぇ。

伊藤　やっぱり平和は大切です、とかそういうことは、ある意味常識というか、誰もが言うようなことじゃないですか。そんなの当たり前で面白くない、なんて感じられちゃうところがありますよね。当たり前のことを当たり前に堂々と言うっていうのは、実はすごく勇気がいることだし、大事なことなんだけど、いろいろ考える人たちというのは、誰もが言うようなことでない方に流れていってしまうのかもしれませんね。

香山　そんな感じ、たしかにありますよね。

　それと、村上龍さんの『半島を出よ』（幻冬舎）にあったんですけど、北朝鮮からテロリストが襲ってきて、たくさんの人が死んでいるのに、平和団体の人たちっていうのは、丸くなって、キャンドルを灯して、歌を歌ってるっていうシーンがあったんです。それが平和主義の姿であるという感じで、ちょっと滑稽な姿に書かれてるんですよね。

伊藤　なるほど。

香山　おそらく多くの人たちからは、平和運動とかね、平和を守ろう、とかっていう活動というのはそんなふうに見えちゃってるのかな、って思うんですよね。

伊藤　自分を振り返って見ると、私は高校のとき、弓道部だったんですけど、毎日授業が終わって、着物に着替えて、袴はいて、それで弓道場に弓を持って行って。で、週によっては道場へ行って、かしわで打って、それで一日「ハイッ」ってやってるわけですよ。

香山　ええ。

伊藤　そういうことに酔うわけですよ。

香山　あぁ、型みたいな、ですよねぇ。

伊藤　型みたいなもの。それから、日本みたいなもの。私は、たまたま中学のときに親の都合で二年ばかりドイツに行ってたものですから、外から日本を見て、日本人は日本人だな、ってちょっと思ったりして、それをそのまま引きずってましたから、日本人としてあるべきとは何だとか、日本の歴史はどうだったかとか、そんなものにすごく当時はあこがれていたんですね。それで弓道部に入って、そんなことをやっていく中で、戦争で日本は負けたけど、でもそれはどうだったんだろうとか、やっぱり今の、なんだろう、改憲派の人たちが言うような、そういう思いのほうが、やっぱり熱くなれるし、なんて思っていたんです。

香山　あぁ、なるほどねぇ。そういう点では、小泉さんの靖国神社訪問なんていうのも、みんながそういうものに酔いしれた、たぶんそういう瞬間だったわけですよね。あの小泉さんが黒い車で官邸を出発し、靖国に到着して、っていうところを、八月一五日に、みんながおそらく今おっしゃったようなことの気分になったのかもしれませんね。日本人として、まさに型をふまえて、参拝して帰ってくる、っていうね。

伊藤　そうですね。

香山　ま、疑似体験したわけですよね。

伊藤　はい。

香山　確かにそれをやってみるっていう、ある種の気持ちよさとか、そういうことをすることによって、私は日本人なんだっていうことで、なんか拠りどころを得た気持ちになるとかね。それは、気分としてはとてもよくわかりますよね。

伊藤　若い人たちがなんかそういうものを求めたって言うのかな。そういうのに寄りすがるっていうのかはよくわからないですけど。

香山　なんかそれは暴走族の人たちが「日の丸」を掲げて走り回っているようなものかもしれませんね。

伊藤　そうかもしれませんね。

香山　特攻服に日の丸を背負って、っていうのと、まぁ同じような感じですよね。

伊藤　同じような感じだと思うんですよね。自分もそういう子どもだったもんですから、わかるような気がしますね。ただ私が高校生の時には、やっぱり社会のことを知らなかったわけですよね。いろいろな歴史の事実も知らないし、もちろん憲法についても知らない。そこに、日本という国についての知識だけがふわっと広がっちゃうわけですよね。そういうバランスの悪さっていうのを、今から振り返ると感じるわけですよね。

香山　なるほど。

伊藤　その後もう少しいろいろな知識なり事実なりを知ってくると、どうも違うなとか、ごちゃごちゃごちゃごちゃ考えていく中で、やっぱり日本国憲法の九条っていうのはすごいっていうふうに、ちょっとずつ変わってきたわけですよね。高校生の頃は、軍隊も普通の国ならばあってもいいんじゃないかって思ってた時期もありましたからね。でも、ちょっとずつ変わってきたわけなんですね。

世直し願望、すっきり症候群が改憲志向へ？

香山　なるほどね。私自身もそんなに、社会のこととか、憲法のこととかにすごい関心があったわけじゃないんですよね。それで、今でも憲法の深いところを知ったうえで言っているんじゃないですが、どうも憲法を「改正」したがっている人たちを見ていると、どう見てもね、何か正当な根拠があって言っているとはあんまり思えない気がしたっていうのが、私が憲法「改正」に反対し始めた一番のきっかけなんですよね。なんか説得力がある言い方で憲法改正が必要だって言ってくれる人がいたら、私なんかすぐ、ああそうなんだ、じゃあ必要かな、とそっちに行った気もするんですけれども。でもテレビの番組に出てきていっしょに討論する人たちの話を聞いても、なんか説得力がないですよね。

伊藤　はい。

香山　なんかその人たちは、非常に個人的な思いで憲法を変えたいっていう感じなんですよね。いわゆる時代の節目に立ち会いたい、とかですね。

伊藤　うん、ありますね。

香山　あるいは、私が変えてやる、みたいな、すごいヒロイズムがある感じ。

伊藤　おじいさんができなかったことをね……。

香山　そうそう。ま、もちろん本人はそうは自覚していなくて、これは日本のためなんだっていうふうに思い込んでいますけれども。そこは私が精神科医だからかも知れないですけれども、やっぱりなんか個人的な思いで政治をしているように見えちゃうんですよ、どうしても。憲法を変えようって言っている人の中で、「私」というのを押し殺して、本当に「公」のためにこの憲法を変える必要性を話す人っていない、そういう話って、ほとんど聞いたことがないんですね。どうしても納得がいかないっていうところがね、大きいんですけれどね。

伊藤　なるほど。

香山　確かにね、宇宙船艦ヤマトの艦長かなんかになってね、「出航ー!」とか言ったら格好いいだろうなぁ、気分いいだろうなぁって思うんですよ、それは。私、テレビゲームが大好きなんで、ゲームの中でね、隊長とかになってね、部下に指示出したりとか、気持ちいいんですよね。

伊藤　そうですよねぇ。個人的な快感っていうかね。

香山　でもね、なんかそれ、怪獣ごっことかプラモデルごっこみたいなね、なんか非常に幼稚的な「なんとかごっこ」のリーダーになってる気分の人によって、そんな気分で憲法を変えられちゃたまらないなっていうようなのがね、非常に強いんですけれどねぇ。

伊藤　最近慶応大学の憲法の小林節先生とお話する機会が多いんですけどね。小林先生というのはずっと、いわゆる改憲派でいらっしゃったんですけれども、最近、今の政治家たちに改憲をまかせるわけにはいかないって、さかんに言い出すようになっているんです。

香山　そうなんですか。

伊藤　小林先生は改憲派ですから自民党の国会議員たちと交流があるだけに、彼らがどういう思いで憲法を変えようとしているのか、というようなことをすごく感じちゃうらしいんですね。

香山　なるほど。

伊藤　自民党の国会議員の多くは二世議員です。そういう人たちは、国民と自分たちは違うんだって思い込んでいて、国民をどうコントロールするか、支配するかってことを考え、自分たちの権力支配を永続化させ、自分たちの権力欲を満たすための道具として憲法を使おうとしている、ってことをすごく感じるらしいんです。それでもう嫌だ、もう臭いがするって言いますもんね。だから、もうそばに寄りたくなくなったって、そこまで……。

香山 生理的な嫌悪感。

伊藤 そうそう。学者として憲法を見て、本当に純粋な国家としては軍隊があってもいいんじゃないか、理想的な民主的なコントロールができる軍隊があって、絶対海外へは出さないで……そういう軍隊があってもいいんじゃないかとか、やっぱりある意味で理想を追われるわけですね。ところが、現実の今の政治家はとんでもない、こんな政治家たちに改憲をさせたらとんでもないことになると思うようになったということです。

香山 うんうん。

伊藤 いろんなところで、もう今は、あの政治家たちには絶対に改憲をさせないっておっしゃっているんです。

香山 そうなんですか。ただね、今の日本っていう国がいろんな細かい生活のレベルも含めて、いい状況にないってことを感じてる人たちが、すごくたくさんいると思うんですよね。治安の問題とか、マンションの偽装とか、いろんなことに不安を感じていて、何かを根底的に変えないと、根本から変えないともうどうしようもないんじゃないかっていう、世直し願望というのかな……。

伊藤 うん、うん。

香山 何かこのままじゃいけないっ、何かをリセットしたいと思ってるんですよね。それが改憲への期待にもつながっていると思うんですね。

伊藤　ある種のすっきり症候群ですよね。

香山　そうですよね。ま、それは憲法が変わったところで、一時的には何かリセットされたような気持ちになっても、決してそのもやもや感はなくならないんだっていうことを説明しなきゃいけないですよね。あるいは、その護憲って言っている人たちにも、そのもやもや感があるっていうことは認めて、その上で人々にどう語っていくのかということだと思うんです。

伊藤　そうですね。

憲法の考え方を知ると高校生が感動する！

香山　私、六〇年前の憲法をただただ、守れ、守れ、守れ、守れって言っていても、おそらくそういう人たちの心にはなかなか届かないんだろうと思いますよね。守れ、ではなく、たとえば、もう一回この憲法を選び直すんだ、とか、そんな訴えかけが必要なんじゃないですかね。ただ古いものを守るっていうことじゃなくて、新しくこの憲法を、もう一回それを自分たちで選択していくんだ、っていうような、何かそういう言い方をしなきゃいけないじゃないかと思いますけどね。

伊藤　そういう意味では、さっきもちょっとお話ししましたけれども、いくつかの高校に行ったときの高校生たちの反応はなかなかいい感じなんです。高校生たちは、幸か不幸か、憲法のことってあんまり勉強してきてないから、新鮮に受けとめてくれるんです。

香山　うんうん。

伊藤　高校で憲法を学ぶのは「現代社会」の授業なんですが、それは選択科目ですし、みんなが受けるわけじゃない。だから、憲法を学ぶのは中学の「公民」までで終わっちゃう生徒が多いんですね。中学の授業で生徒たちが憲法のことをきちんと学んでいるかと言ったら、まったくそうじゃない。憲法と法律の違いだとか、憲法は権力に対する歯止めなんだ、ということもほとんど学びませんし、一三条の個人の尊厳、「個人の尊重」っていう考え方もあまり知らないわけですよね。人権尊重、国民主権、平和主義という、いわゆる三原則とか、三権分立、そういう条文の知識を覚えたり、だとかで終わってしまっている。それは単なる暗記で、すぐ忘れちゃうわけですよね。そういう生徒たちに、実は日本の憲法ってこんなんだよって言うと、新鮮な驚きになるんですよね。「初めて知りました」「へぇ、そんななんですか」って感じなんですよね。

香山　出会いですね。

伊藤　新しい出会いなんですよね。大人たちは六〇年もたって古いとか言うけれども、「この憲法って、えっそんな新しい中身なの」みたいな受けとめなんですよね。

香山　なるほど。

伊藤　私が「個人の尊重」という考え方について、別にみんなが人と同じでなくてもいいんだよ、なんてことを話すと、ある生徒なんかは感想文で、今までみんなと同じじゃないといけないと思ってたんだけれども、憲法が人と違っていていいんだと言ってるってことにとっても驚いて、「すごくほっとしました」なんて書いてくるんです。それで「これからの生き方をもういっぺん考えてみます」とか、そういう感想って意外と多いんですよ。

香山　そうですか。

伊藤　だから、高校生たちは憲法というものを、すごく新しい新鮮なものとして、それを自分の中に取り込めるんです。

香山　なるほどね。憲法のことをみんな知らないってことですよね。

伊藤　ほとんど知らされていないんですよね。

香山　それと、「いまの憲法のせいで、北朝鮮から攻められても何もできないんでしょう」とかっていう、なんかネガティブなイメージもありますよね。

伊藤　そうでしょうね。

伊藤　憲法の考え方をもっともっと伝えていく必要がありますよね。憲法があるから好きなことをしゃべれて、いろんなものが自由に買えて、好きな音楽が聴けて、という理解にはなっていないんですよね。

香山　うんうん。

伊藤　韓国では日本の音楽なんて聴けなかったりとか、映画を観れなかったりするわけじゃないですか。そういうことがこの国ではなくって、みんな好きなように音楽も聞けるし、ダンスも踊れるし、検閲もされないでメールも自由にできるし、とか、やっぱりそういうのって水や空気と同じでね、意識しないじゃないですか。

香山　そうですよね。

伊藤　そういうことをちゃんと伝えてあげることができたら、結構若い世代は新鮮に捉えてくれるんですよね。

治安を守るために本当な必要なことを考える

香山 そうですよね。ただ、いま自由っていう問題についても、ある程度自由を犠牲にしてもしょうがないから、安全な社会になって欲しいって切迫した気持ちになっている人も多いんじゃないかなと思うんですよね。あるいは、自由よりもっと大事なものがあるんじゃないか、っていうような雰囲気もあると思うんですよね。

伊藤 ありますね。やっぱりあの「九・一一」同時多発テロ以降は、治安の強化を求める意見が増えました。

香山 そうですよね。

伊藤 やっぱりその恐怖、不安っていうのはものすごく大きいじゃないですか。自由が大切なことは頭ではわかる、でもねっ、ていうところがありますよね。

「24 - TWENTY FOUR」っていう映画があるんですが、テロリストが捕まって、それを拷問して自白をさせようとしているところに弁護士が駆けつけてきて、彼らにも人権があるんだっていうことを言うんですが、なんでこいつらの人権なんか言い出すのか、っていう雰囲気の作品なんですよ。

香山 へぇ。

伊藤 テロリストなんかには人権はないんだ、こんな場面で人権を持ち出すなんてとんでもない、っていう、そんな感じなんですよね。

香山 そうなんですか。

伊藤　私はそういうものがそのまま日本に入ってきて、人権とは何かということをきちっと学んでいない人たちがそれを見ると、テロリストなんかに人権があるわけないよ、とか、こいつらは人間じゃないんだ、拷問だって当然いいんだ、とかっていうことになっちゃうと思うんです。そういうのを若い人たちが見てるっていうのは、なんかすごく怖い気がしますね。

香山　最近、少年犯罪について、よく学生たちの感想を聞くんです。私は、学生たちは犯罪を犯してしまった少年と近い世代だから、自分もイライラすることがあったとか、時には人に殺意を持ってしまうことがあるとか、っていう、わりと同情したり共感するところもあるんじゃないかなと思ってたんです。ところが、実は、今そうではなくて、こんなことをするなんて信じられないとか、こういう人は当然死刑にするべきじゃないかとか、あるいは二度と自分たちのこの地域に来ないでほしいとか、そんな感じなんですよね。

伊藤　なるほどね。

香山　奈良で子どもを殺害してしまったという小林死刑囚とか、あるいは秋田で子どもを殺してしまったという女性とか、そういう人たちって自分が子どもの頃にもいじめられていたりするんですよね。まぁ、その結果があゝいう事件になったかどうかは別としてもね、あゝいう犯罪が起きたときに、そうしたことも考えたりすることはあまりなくて、とにかくその個人がモンスターの心を持っていたんだとか、そんな見方がすごく多くなっているように思いますよね。

伊藤　うん、うん。

香山　もう、その人だけを処罰すれば済む、という感じですよね。

伊藤　最近の若い人は、犯罪を犯した人の立場に身をおいてみようということはあまりしませんよね。

香山　そうですね。学生たちに、あなたがもし犯罪を犯してしまった人たちだったらどうすんの、って言うと、いや、俺やりませんから、ってすぐ言うんですよ。そんなのわかんないじゃないですか。ねぇ。でも、俺そこまでしませんよ、って、なんかまったく根拠もなく言い張るだけ。もし自分だったら、とかっていうところで思考停止っていうか、考えないようにしてるんですよね、なんかね。

伊藤　やっぱり変な自信なのかもしれないし、自分を知らないってことなのかもしれないし。でも、ひょっとして自分もつい犯罪を犯してしまうんじゃないかっていう、普通そういう怖さってありますよね。

香山　だと思うんですよ。でも、なんか自分を棚にあげちゃうんですよね。

伊藤　犯罪が生まれた、その本当の原因って何なんだろう、っていうところは考えようとしないんですよね。おそらく犯罪を犯した人の生まれたあとの環境だとか、いろんなものが複合的にたぶん影響してると思うんですよね。

香山　そうですよね。

伊藤　テロリストについても、そういうのは殺人鬼、化け物であって、もう我々とは全然違う理解しがたい人間なんだ、教義のために自爆するなんて信じられない、っていうので終わっちゃうわけですよね。彼が、彼女がそういう行動に出なくちゃいけなくなっちゃった、そのバックグラウンドは何なんだろうか、そういう地域の人たちはどういう生活をしているんだろうか、どういう生まれだったんだろうか、そういうことに思いを至していくと、やっぱりあながちその個人だけを責めても仕方がない、やっぱりそのテロの背景にあることをどうにかしなくちゃいけないんじゃないか、そこを視野にいれて日本が何をするのか、ってことを考えてみる必要があると思うようになっていくんだと思いますよね。

香山　先日、九州大学の教授が奈良の小林死刑囚の死刑が確定した日にコメントを出していて、その人を生み出した非常にひどい社会状況をきっちり考えないと、これは防げない、って言ってましたが、それってすごく勇気がいりますよね。以前だったら結構あたりまえの意見だったと思うんですが、今ではこんなこと言っちゃって大丈夫なのかな、みたいなところがありますよね。

伊藤　たしかに、なかなか勇気いりますよね。

歴史の事実を学び広げながら……

香山　伊藤さんがおっしゃっているような、今の憲法の良さとか、人権の保障ってこととか、そうした若い人たちにどのくらい理解されるか、っていうこともあると思うんですよね。

伊藤　そうなんですよね、それと、やっぱり権力に対する依存意識っていうのかな、警察は自分たちを守ってくれると思っている学生も結構いますよね。公安警察かなんかが大学の中に入ってきて、いろいろ調査していったっていう事件の判例があるんですけど、私の中には、そんな警察権力が大学に入り込んで、かぎまわるなんてとんでもない、っていう感覚があるもんですから、そっからスタートしちゃうんです……。

香山　えぇ、えぇ。

伊藤　ところが、学生から、警察に見張っててもらうことが、なんでそれが怖いことなんでしょうか？なんて聞かれちゃったりする。すると、もう、どこを共通の接点として、議論を積み上げていけばいいのかって、そこがわかんなくなっちゃうときがあるんですよね。

香山　そうですよね。

伊藤　権力は怖い面もある、だから気をつけなくちゃいけないぞ、っていうところがあって、そこで憲法っていうのが存在するわけですから。

香山　権力を監視する装置が憲法なんですよね。

伊藤　もちろん警察は必要なものだし、頼んなくちゃいけないときもあるけれども、でも怖い面もある、だから気をつけなくちゃね、っていうところまで下りていって、そこからスタートさせなければならないのかって、すごく悩むときがありますよね。

香山　最近の学生さんたちをみていると、政府のすることにわりと寛大ですよね。ＮＨＫの番組づくりに安倍さんたちが介入したという問題も、結局うやむやになっちゃってますよね。それもなんか、もし本当に介入したとしたって、しょうがないんじゃない、っていう、なんか寛大というか寛容になってるんですよね。テレビ番組のやらせの問題とかでも、学生たちは、まぁこのぐらいなら別に目くじら立てなくても、まぁ、おもしろいんだからいいんじゃない、とか、なんかそういうことですよね。あくまでその時の自分にとってですけれど、おもしろいとか、安全だとか、楽だとか、快適だとか、そのためにはある種の嘘とか、支配とか、管理とか、コントロールとかもやむなし、っていうようなことなんですかねぇ。

伊藤　みんながやってるんだからしょうがないってことですかね。

香山　あっ、そうですねぇ。

伊藤　そんな世の中きれいごとばかりじゃないんだから、ということかもしれない。そういうちょっと汚れたところがあっても、それを飲み込むのが大人だよな、っていう感じかもしれない。

香山　そうですねぇ。なんかそういうふうに価値観が変化しつつあるとすれば、じゃあどううまく伝えればいいんでしょう。

伊藤　まぁ、人間関係とかね、個人のレベルでは、そういうのってアリだと思うんですよね。人間だって完全じゃないわけだし、いろいろ、ごまかしながらお互いに人間関係を作ってたり、ということは現実にあるわけだし。ただ、それが個人と権力との間では、やっぱりそれは違うんだっていうことなんですよね。

香山　そうですよねぇ。で、またほら、権力って、別に昔と違って、悪人の顔してるわけじゃないですよね。個人的に会えば意外にいい人だったとか、真面目だったり、おもしろいんですよね。漫画の中みたいに悪だくみをする悪人、というわけじゃないんですよね。巨悪みたいなっていうのはあまりないと思うんですよね。そういう中で、どうやって権力というものを理解するかって、結構難しいですね。

伊藤　昔なんかは、機動隊とかに学生が殴られたりしたわけですよね。ところが、たとえば最近の警察官なんかは、飲酒運転の運転手に対してすごく優しく接してたりするじゃないですか。権力って怖い時があるって、そういう感覚を持つことが、すごく今難しい気がしますね。

香山　権力って言っても、そんなに怖くもないから、ある程度権力をいろいろな力をゆだねてもいいのかもしれないなぁとかって、私みたいな人間も錯覚しそうになる瞬間がありますよね。

伊藤　だから、そういう状況の中で、いろんな工夫をしながら、若い人たちに対しても、いろんな問題を提供していかないといけないっていうことではあると思うんですけど。その一つの手法として、あくまで一つなんですけれども、憲法の歴史を学ぼうということで、この映画『戦争をしない国　日本』を作ったんですよね。

香山　すごく真面目な映画ですねぇ。もっとハデな演出があるのかと思ったので、意外感もありました。

伊藤　そうですね。

香山　でも基礎資料としては、すごくよくわかりやすい内容になってますよね。

伊藤　その資料はまさに事実だから説得力がありますよね。また、学生たちは基礎資料自体もあまり教えられていませんからね。もちろん、これをただ観てもらって、それで終わり、っていう話にはならないですよね。いろいろ知恵を絞っていかないとダメですよね。

香山　そうですよね。

伊藤　今日はどうもありがとうございました。これからも憲法の考え方を広げるために頑張っていきたいと思います。今後ともよろしくお願いします。

香山　こちらこそ、よろしくお願いします。どうもありがとうございました。

伊藤真

伊藤塾塾長。法学館憲法研究所所長。

一九八四年、弁護士登録。一九九五年、憲法を実現する法曹養成のため「伊藤真の司法試験塾」（現在の伊藤塾）を開塾。弁護士業務を休業して指導に専念。二〇〇二年、法学館憲法研究所を開設し、現在その所長を兼ねる。

『憲法のことが面白いほどわかる本』（中経出版）、『憲法のしくみがよくわかる本』（中経出版）、『伊藤真の憲法入門』（第三版）（日本評論社）、『伊藤真の明快！　日本国憲法』（ナツメ社）、『高校生からわかる日本国憲法の論点』（トランスビュー社）など著書多数。

伊藤塾ホームページ　http://www.itojuku.co.jp/

法学館憲法研究所ホームページ　http://www.jicl.jp/

香山リカ

精神科医。帝塚山学院大学人間文化学部人間学科教授。

学生時代より雑誌等に寄稿。その後も臨床経験を生かして、新聞、雑誌で社会批評、文化批評、書評などども手がけ、現代人の〝心の病〟について洞察を続けている。専門は精神病理学だが、テレビゲームなどのサブカルチャーにも関心を持つ。

『チルドレンな日本』（佐高信・香山リカ著、七つ森書館）、『いまどきの「常識」』（岩波新書）、『〈私〉の愛国心』（ちくま新書）、『ぷちナショナリズム症候群』（中公新書ラクレ）、『若者の法則』（岩波新書）、『〈じぶん〉を愛するということ―私探しと自己愛―』（講談社現代新書）など著書多数。

朝日新聞書評委員などを務める。

ホームページ　http://www.caravan.to

III

映画「戦争をしない国　日本」

――「シリーズ　憲法と共に歩む」第一篇「戦争をしない国　日本」

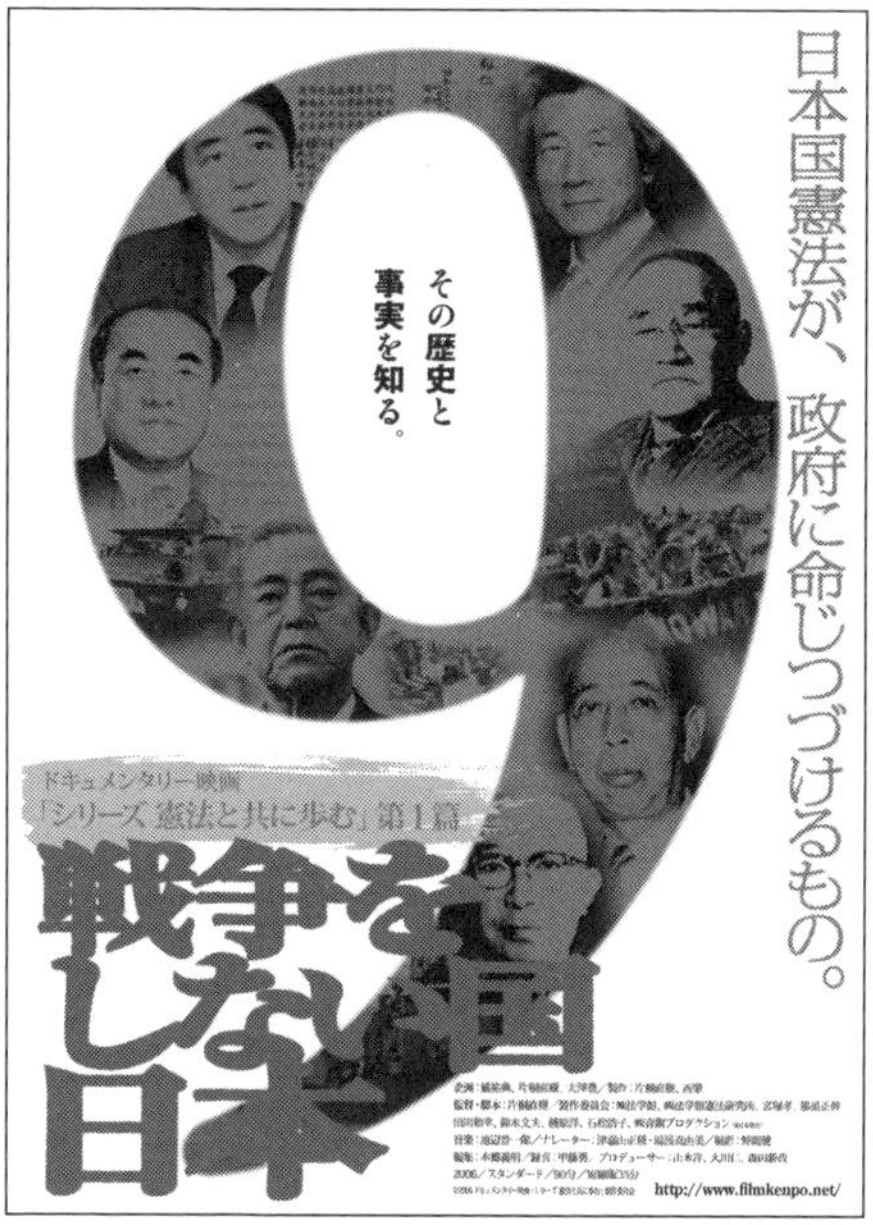

ドキュメンタリー映画「戦争をしない国日本」のポスター

企画：橘祐典、片桐直樹、大澤豊
製作：片桐直樹、西肇
第一篇監督・脚本：片桐直樹
製作委員会：法学館、法学館憲法研究所、富塚孝、那須正幹、田川和幸、鈴木文夫、楠原洋、石松浩子、山梨幹子、平井滋郎、島田啓子、神田策而、葉慈子、青銅プロダクション
音楽：池辺晋一郎／ナレーター：津嘉山正種、湯浅真由美／撮影：野間健／編集：本郷義明／録音：井上秀司／プロデューサー：山本洋、大川仁、森田勝政
2006 年／スタンダード／ 90 分／短縮版（38 分）／ＤＶＤ・ＶＨＳ・16 ㎜

〈製作・普及を成功させる会　呼びかけ人代表〉
小山内美江子（脚本家）、伊藤真（「伊藤塾」塾長）、香山リカ（精神科医）、鬼追明夫（元日弁連会長）、品川正治（経済同友会終身幹事）、橘祐典（映画監督）、辻井喬（作家）、山田洋次（映画監督）

〈お問い合わせ・上映申し込み〉
『シリーズ　憲法と共に歩む』上映・普及センター
〒 160-0022 東京都新宿区新宿 2-5-11 甲州屋ビル 3F
㈱青銅プロダクション内　TEL 03（3358）8169　FAX 03（3352）2922
e-mail：info@filmkenpo.net
http://www.filmkenpo.net

※貸し出し方式で各地で上映中。

靖国神社

昭和天皇

中国東北部へ進攻した日本軍

重慶

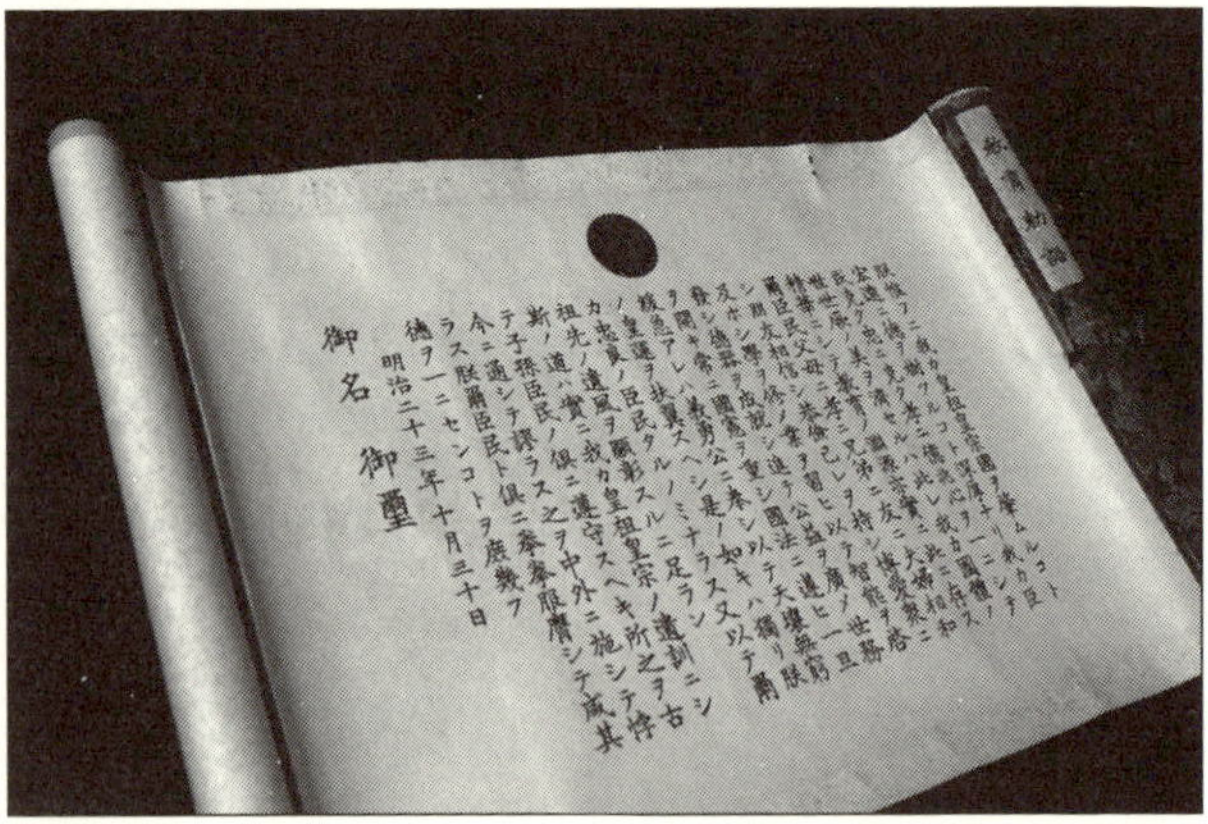

教育勅語

憲法発布都民祝賀会

在日米軍基地

安保闘争

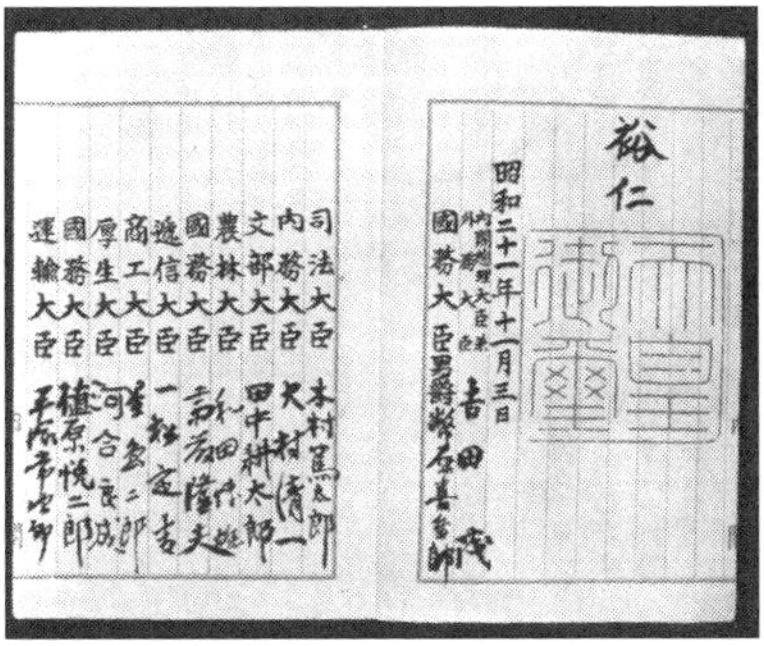

日本国憲法原本

キャンプ座間・リトルペンタゴン

日米安全保障条約

平和憲法の歴史と役割を映像で検証
――ドキュメンタリー映画「シリーズ　憲法と共に歩む」
第一篇「戦争をしない国　日本」の内容・映像

この映画は憲法公布六〇周年にあたり、日本国憲法とその平和主義をめぐる規定がなぜ、どのように誕生したのか、それは日本社会と国際社会にどのような役割を果たしてきたのか、日本国民と各階層はそれをどのように受けとめてきたのか、などについて歴史的な映像によって検証するものです。具体的には次のような映像によって構成されています。

「戦争」に備える自衛隊――自衛隊の存在と役割、米軍再編を問う

二〇〇六年、在日米軍基地の再編が行われることになりました。自衛隊はいま、さかんに米軍との共同訓練をしています。自衛隊員はイラクで戦闘行為をしてきた米兵から手取り足取り銃撃戦の仕方を学んでいるのです。二〇〇三年に有事法制ができ、日本は有事＝戦時への備えを開始し、各地で訓練が始まっています。自衛隊の装甲車が繁華街を走り、迷彩服を着た自衛隊員が地下鉄に乗り込んで訓練をしているのです。訓練には米軍も参加しています。

〝自衛隊は他国からの攻撃に対して日本を守るもの〟と説明されますが、自衛隊をめぐるこうした映像は、まさにいま自衛隊が米軍と一体となって戦争をすすめようとしている様子を示しています。ま

防災の日に地下鉄に乗り訓練をする自衛隊

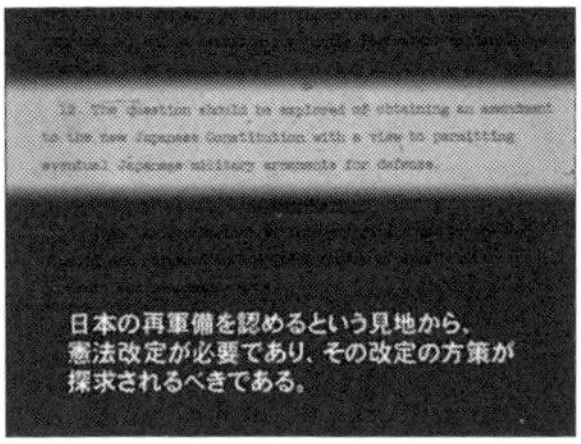

日本の再軍備を構想するアメリカ

た、米軍再編の危険な狙いも明らかにしています。

なぜ日本国憲法は「戦争放棄・戦力不保持」を謳うことになったのか

アジア・太平洋戦争において、日本は朝鮮・中国をはじめとするアジア諸国を侵略し、二〇〇〇万人を超えるアジア諸国民が犠牲となり、また原爆の投下などによって多くの日本人が亡くなりました。「戦争放棄・戦力不保持」を明確にした日本国憲法はこうした歴史とその反省の上に制定されたのです。

戦前に日本社会が天皇を頂点とする軍事的な国家であったこと、日本軍のアジアの人々に対する酷い仕打ち、国民の多くが戦争に協力させられたこと、などについての映像が次々に映し出されます。また、戦後間もない時期の数々の映像は、いかに多くの人々が戦争のない社会を求めていたかを示しています。それはぜひとも語り継がなければならない歴史の事実です。

自衛隊の発足と海外派遣の背景にあるアメリカの意向
――その歴史の事実を知る

日本国憲法が制定されて間もなく東西冷戦が始まり、国際情勢が大転換となり、早くも憲法の解釈が大きく変遷することになりました。アメリカは日本を西側陣営に入れる方針を明確にしたのです。そして、中華人民共和国の成立や朝鮮戦争の勃発という情勢の中で、アメリカは早や日本の防衛のために軍事力を持たせ、米軍の世界戦略を補完させようとしたのです。そのアメリカ政府内の取り決めは今日の日本社会の方向性に決定的な影響を及ぼしています。日本がいかにアメリカの言いなりになってきたのか。多くの人々とともに学び合いたい衝撃的な映像が映し出されています。

基地反対闘争・安保闘争・核兵器廃絶のたたかいを学び国民の力を再確認する

日本はサンフランシスコ平和条約によって独立を回復しましたが、日米安保条約の締結によって、引き続き米軍を駐留させることになりました。米軍基地建設に対して住民は基地反対闘争に立ち上がり、米軍の駐留を違憲とする判決も出されました。安保条約そのものに反対する大闘争も展開され、日本国民は憲法改定によって軍事力を持とうとする動きを封じ込めました。また、核兵器廃絶をめざす日本のたたかいは世界各国に広がり、今日世界の人々の最も重要な要求・課題になっています。

こうしたたたかいは、ぜひとも後世に語り継がれるべきものです。日本国民の力を再確認させてくれる映像が数多く映し出されます。

自衛隊の海外派遣がすすめられ、いよいよ「憲法改正」を唱える内閣が発足

冷戦崩壊後の地域紛争の頻発という事態に対し、日本もその解決に努めよとの内外世論が高まりま

安倍政権発足

した。その結果、ついに政府の憲法解釈や国会決議が無視され、自衛隊が戦地に派遣される事態になりました。また、有事＝戦時を想定する各種法律が次々と制定されるようになりました。こうした状況の中で、憲法そのものが変えられようとしています。

湾岸戦争以降のこうした事態の映像が次々と映し出されます。事態の緊迫さ・重大性を多くの人々とともに確認していく必要があるでしょう。

「九条の会」など憲法改悪反対運動の高揚

いま、「憲法九条を守れ」と言う声が全国に広がっています。「九条の会」は六〇〇〇を超える各地域・職域などにつくられ、そのとりくみは創意あふれるものとなっています。いまなお、「憲法九条を守れ」の声は国民の多数派です。

その映像は多くの人々に確信と展望を示しています。

上映によせて

監督　片桐直樹

「映画人九条の会」の会員として我々は何が出来るか？　と、同じ時代を生きてきた仲間と語らい、やはり「映画をつくること」ではないか、ということからドキュメンタリー映画「シリーズ　憲法と共に歩む」の企画が始まりました。仲間とは共に独立プロで育った橘祐典、大澤豊両監督です。

私たち戦場体験はなくとも、戦争体験を持つ七〇歳を越えた人間にとって、「日本国憲法を誇りに感じこそすれ、憲法改悪などとんでもない」と考えて生きてきました。ところが、六〇％の国民が憲法改正に賛成という、ある新聞社の世論調査を見たとき愕然としました。

一体私たちは何をしてきたのか。たしかに戦後生まれが人口の過半数を越え、戦争体験者が少なくなったとはいえ、二度と戦争はしない、戦力を持たないと誓った国民の思いを次世代に十分に伝えきれなかったのではないか。基本的人権の尊重、主権在民、平和主義の三原則の憲法を持ったからこそ、今日まで平和で生きてきた、ということを多くの国民が感じていない、という結果がこの数字に表れているのではないか。そう思うと、深く反省せざるを得ませんでした。

そこで原点に立ち返って、何故、人権尊重、国民主権、平和主義を根本に据えた日本国憲法が出来たのか、その結果、日本社会はどのように変わったのか、政府や各界はこの憲法にどのように向かい合ってきたのか、を戦前から今日に至るまでの歴史的事実を映像によって検証しようと考えました。その基本を記録映像に絞り、憲法公布から今日まで「憲法とともに歩んできた」その歩みをドキュメンタリーのシリーズとしてつくろうと企画したのです。

この企画を、憲法改悪を憂う有識者の方々に相談したところ、皆様に賛同していただき「製作・普及を成功させる会」が発足し、製作協賛金を呼びかけることになりました。全国の多くの方々からご支援を頂き、作品が完成しました。

第一篇は三原則の基本でもある平和主義に基をおき、どんな状況の中で日本国憲法が出来たのか、憲法公布以来六〇年、本来憲法は国民の権利・自由を保障するために国家権力を制限する法ですが、憲法に対して国家権力である日本国政府はどう対処してきたか、それに対して国民はどう立ち向かってきたのかを、第九条を軸に描きました。

映画は今日の日本の状況――アメリカの世界戦略の中の日本の自衛隊や基地再編問題、教育基本法の改悪のたくらみ、戦争する国への道を辿ろうとする姿をプロローグとして始まります。「戦争をする国」の憲法とはどんなものであったのか、そして戦争、その反省として生まれた日本国憲法。公布後六〇年の映像は常に憲法を守らせる側にたって闘って来た人々の様々な映像が映し出されていますが、それは一九五〇年代からの民主的独立プロの記録映像です。多くの方々の上映ご協力をお願いします。

戦争をしなかった六〇年の重さ

児童文学作家　那須正幹

映画をみおわったとき、思わず深いため息がでた。あの戦争から六〇年、新憲法公布から六〇年の流れを映像で追いながら、いつの間にか、それと共に生きてた自己の生きざまを重ね合わせていたのだろう。

この映画を観る人は、恐らく私と同じ思いに捕らわれるはずだ。闇市の場面、六〇年安保の場面、反基地闘争の場面、湾岸戦争勃発の場面、様々映像の中に、自分を見つけることができる。そして、なぜ、こんな国になってしまったのか、改めて今の日本の状況に深い悲しみと憤りを感じさせられる。

この映画は、国の歴史を検証したものではない。戦争をしないと誓った、私たち一人一人の人生の映像なのだ。

Ⅳ 歴史に学び未来を語る

国民は憲法とどう向き合ってきたか

一橋大学教授・憲法学　渡辺　治

憲法が還暦を迎えられた不思議

憲法が「還暦」を迎えました。つまり施行後六〇年も生きたことになります。戦後一貫して政権を握り続けてきた保守政治が憲法の誕生からそれを喜ばず機会があれば命を断とうと試みてきたことを思えば、この憲法が六〇年もの間長生きしてきたこと自体奇跡に近いといえます。もちろん、長生きすればいいというものでもありません。憲法の理念はすばらしいが、今や現実とは大きく乖離してしまったという声もあります。

確かに、政府の度重なる解釈改憲で自衛隊は今や世界有数の軍隊ですし、イラクにまで派兵しました。憲法は一体どんな力があるのだという声がでるのも不思議ではありません。しかし、憲法が一片の紙切れになってしまっているなら、今さら安倍首相が、あえて国民の気分を逆なでする危険を冒して改憲を掲げる必要もないはずです。憲法は、依然政治に大きな規制力を持っているのです。私はここに、つまり憲法が保守政治からの攻撃にさらされながら六〇年も生きてきたという不思議な現状の中に、国民が憲法とどう向き合ってきたか、その到達点が凝縮されていると思います。

国民が憲法を擁護しようと必死になった時代

国民がいかに憲法と向き合ってきたか、その向き合い方をめぐって、戦後の歴史は大きく三つに分けてみることができます。第一の時代は、憲法ができて以降一九五〇年代一杯までです。国民が、あの戦前への回帰をさせないために憲法を守ろうとした時期です。

国民が憲法九条とはじめて向き合わされることになったのは、一九五〇年代に入ってのことでした。憲法が制定されたとき、国民は九条を歓迎しました。しかし、それは未だ「与えられた」ものを歓迎する、なにかしら受動的な態度でした。ところが五〇年代に入り、朝鮮戦争が勃発すると、西側陣営の一員として共産陣営と対峙せよというアメリカ政府の圧力がまし、その障害物となっている九条の改正を求める圧力が加わるようになりました。国内でも、保守勢力の中から、〝独立した暁には憲法を変えて自前の軍備をもつべきだ〟という憲法改正論が台頭しました。当初国民は、〝独立したからには自前の憲法を〟という言説にひかれていました。改憲支持の世論は多数を占めていました。保守勢力は、この気運に乗って憲法改正を政治課題に掲げたのです。

ところが、皮肉にも、保守勢力の改憲の動きの台頭と反比例するように、九条擁護の声が増えてきたのです。背後にあったのは、あの悲惨な戦争から一〇年足らずの間に再び日本が戦争に巻き込まれようとしている、それに対する反発と忌避の感情でした。こうした国民感情は、護憲を掲げる社会党の議席の増大を生み、保守勢力は、衆院でもついで参院でも、改憲発議に必要な三分の二の議席を確保できなくなったのです。砂川をはじめとして全国で米軍基地拡張に反対する市民の激しい行動が起こりました。

こうした憲法擁護や平和を求める声は、六〇年安保条約改定反対の運動で頂点を迎えました。安保改定を推進した岸信介内閣は、「極東の平和と安全」を名目とする米軍基地の自由使用とともに、米軍と自衛隊の共同作戦体制を謳い、憲法改正につなげようとしたのです。しかし国民の反対の声は政府の予想を超えました。しかも、改定を強行しようとして岸内閣が議会で強行採決を行ったため、平和の声と民主主義を守れという声が合流しました。岸内閣は、何とか改定を強行したものの、維新以来初となるはずのアイゼンハワー米大統領訪日は中止され、岸内閣は総辞職、あからさまな復古主義の政治は大きな挫折を余儀なくされました。

この時期に、国民と憲法との向き合い方の原型もでき上がりました。第一の特徴は、平和と民主主義の擁護が一体のものと捉えられ、しかも憲法はこの二つの理念の結晶として受け止められたことです。平和と民主主義とが対で語られることは、今では自明のようですが、実は自明ではなかったのです。こうした観念が生まれたのは、この時期の国民的な運動のなかででした。

第二の特徴は、憲法の中心に九条が座っていたことです。市民の自由も人権も、九条の掲げる平和の擁護との関係で位置づけられ、理解されたのです。また、逆に自由と人権が確保されてはじめて平和が守られるという関係も理解されました。

第三に、運動の担い手にも大きな特徴がありました。それは憲法擁護の運動の中心的担い手が、社会党や共産党という社会主義をめざす政党や労働組合であったことです。社会党、共産党は、社会主義社会の実現をめざす政党でしたが、その前提として、平和と民主主義、憲法擁護を訴えました。組合も、平和を実現することを自らの雇用や労働条件の土台をなす課題として取り組みました。労働組合運動が平和と憲法の問題に取り組むのも決して「ふつう」のことではありませんでした。それは戦後日本ならではの光景でした。

そして、第四の特徴は、この時代の「国民」は集団で自己の意思を表明していたことです。「市民」という言葉はようやく安保反対運動のなかで登場しはじめたばかりでした。

国民が憲法を武器に現実を豊かにしようとした時代

一九六〇年を境におよそ三〇年間、国民と憲法の関係は新たな時代に入りました。国民は憲法を守るだけでなくその原則の具体化をはかろうとしました。憲法は一片の理想からさまざまな制度を伴う現実となったのです。安保の「悪夢」をへて、保守政治は転換しました。以後の政権は憲法改正を政治課題に掲げることを断念したのです。これは保守の英知でしたが、国民の憲法への向き合い方を保守なりに受け入れた結果でした。

保守政権はやむなく解釈で自衛隊の成長を図る路線に切り替えましたが、運動の側はそれをも許さなかったため、九条の解釈をめぐり激しい攻防が闘わされました。政府は、〝自衛隊は「自衛のための最小限度の実力」だから九条の禁止する「戦力」ではない〟として自衛隊違憲論に対処しようとしました。国民は、各地で自衛隊違憲裁判を起こし、そこでは自衛隊がいかに「自衛のための最小限度の実力」から逸脱した実態であるかを証明することに腐心しましたが、他方、国会ではこの政府答弁を逆手にとって、自衛隊を九条で縛る試みが追求されました。裁判と国会と手を携えての運動は相俟って自衛隊を「最小限度の実力」に抑え込む制度を生んだのです。

六七年には、非核三原則が政府側から約束され、七二年に国会決議となりました。核は他国でしか使えない兵器なので、九条の下ではもてないからです。政府は〝非核三原則は単なる政府の政策で憲法九条とは関係ない〟と強調しましたが、九条なくしてかかる原則を保守政権が認めるはずがないことは明らかでした。その結果、現在なお日本は世界第二の経済大国でありながら核を保有しない国家であり続けています。攻撃用兵器も保有できないとして、国会では長距離輸送機、空母などの兵器保有が規制されました。最大の制約は、自衛隊は「自衛のための最小限度の実力」ですから海外派兵をしないという制約でした。「普通の国」の軍隊のように他国へ侵攻することはしないと宣言したのです。軍事費の対GNP比一%枠や武器輸出禁止三原則など、軍事大国にならない歯止めもつくられました。

注目しなければならないのは、この時代には、九条だけでなく、憲法の他の多くの条項が現実に具体化されていったことです。しかもそこでは、二五条の生存権を武器に生活保護給付の違憲を訴えた朝日茂さんや、一四条を梃子に結婚退職制度の違憲を訴えた鈴木さんのような個人が立ち上がりました。あえて言えば、国民が憲法を武器に、現実を変えはじめた時代が始まったのです。保守政権は、こうした憲法の現実化の容認との「取引き」の下に政治の安定をえたのです。

「普通の国」への抵抗

九〇年代に入って、また時代は大きく変貌しました。再び国民が憲法九条を変える大きな動きに抵抗する時代に入ったのです。冷戦が終わり、グローバリゼーションの名のもとで世界の自由市場が大きく拡大するなか、〃日本も自衛隊を海外に派兵しアメリカと一緒に「自由市場」秩序を維持するための警察官となるべきだ〃という圧力が保守政治に転換を迫りました。自衛隊の海外での武力行使には九条の改変は不可避だし、第二期に具体化された非核三原則、武器輸出禁止三原則などの「九条体系」は、軍事大国化の大きな障害物となったからです。こうした内外の圧力を受けて、保守政治は、国民の警戒と反発というリスクを承知の上で憲法改正を打ちだすに至りました。

憲法と平和をめぐる国民意識にも大きな変化が現われました。戦争から遠ざかるにつれて、戦争体験者が少なくなりました。〃日本国民が享受している豊かな暮らしは世界が安定しているおかげであり、豊かな暮らしはいいが軍事負担は勘弁をなどといえるのか〃、という保守勢力の問題提起の前に国民の分岐が起こったのです。再び憲法改正賛成者が反対者を上回り、じりじりと増加しました。

他方、日本企業の怒濤のような海外進出を目の当たりにして、アジアの人々の中では、改めて従軍慰安婦や強制連行などの戦争の記憶が呼び起こされ、現在の日本の経済進出とダブって、軍事大国への警戒心や反発が増しました。保守勢力内では、大国化に必要な「国の誇り」の涵養のために、こうした戦争の記憶を否定する動きが台頭し、国民の側もアジアの声には必ずしも敏感ではありませんでした。

憲法を擁護しようという運動の担い手も変わりました。企業の海外展開と激しいリストラで、労働組合の力も落ち、運動の中心には座らなくなりました。代わりに市民団体や市民たちの運動が新たに台頭し活発化しています。大規模な集会とデモに代わって、戦争展や各地の取り組みが運動の主流を占めるようになりました。「国民」は集団から多様な市民のグループへと姿を変えたのです。

こうして、現代では再び、保守勢力による憲法改正の動きが台頭しています。「任期中の改憲」を掲げた安倍政権は、九〇年以降のこうした流れの頂点に立っています。

ところが、改憲が政治日程に浮上するにつれ、国民の憲法に対するまなざしに再び変化がみられています。それを象徴するのが「読売新聞」の世論調査の動向です。二〇〇五年以来三年連続で憲法改正賛成の比率が減少し、九条については改正に消極的なものが六割を超えました。明らかに九〇年代以来の傾向に再び逆転が起こりはじめています。

この方向が果して、日本の将来に続くのか、それとも軍事大国化の流れに対する小さな逆流にすぎないのか定かではありません。しかし私は、九条擁護の声の高まりがこれからの方向を示していると思います。

近年の流れの背景には二つの大きな要因が働いていると思えます。ひとつは、イラクやアフガンでの戦争が、〝軍事力は決して平和を実現する近道ではなくむしろ九条に示されている軍事力によらない道が再評価できるのでは〟と考える国民を増やしていることです。九条は時代に遅れた遺物ではなく、むしろ二一世紀のアジアと日本の平和と安全保障の方向を先取りしているという意識が芽生えています。もう一つの要因は、保守勢力の改憲の動きに立ち向かう市民主体の新しい運動が国民の中に広がりはじめたことです。九人の呼びかけで始まった「九条の会」の運動の広がりは、その象徴です。「九条の会」は今六〇〇〇を越えます。

国民と憲法の向き合いの歴史は、現在も進行中です。その主人公は私たちなのです。

渡辺　治

一橋大学大学院教授。専攻は政治学、日本政治史、憲法学。

『日本国憲法「改正」史』（日本評論社、一九八七）、『憲法はどう生きてきたか』（岩波書店、一九八七）、渡辺治編『日本の時代史27　高度成長と企業社会』（編著）（吉川弘文館、二〇〇四）、渡辺治編『変貌する企業社会日本』（編著）（旬報社、二〇〇四）、渡辺治・和田進編『講座戦争と現代5　平和秩序形成の課題』（共編著）（大月書店、二〇〇四）、『増補版憲法「改正」』（旬報社、二〇〇五）、『構造改革政治の時代』（花伝社、二〇〇五）など著書多数。

「九条の会」事務局員。改憲国民投票法案情報センター代表。

世界の中の憲法九条

ピースボート共同代表　川崎　哲

かつて小沢一郎は「普通の国」という表現を使って改憲を論じました。軍隊の不保持を定めた日本国憲法は世界的にみて異常であり、軍隊の保持が世界的には「普通」だというのです。以来九条改憲論者たちは、九条の非常識さを強調し、改憲こそ日本を世界標準に合わせる道だと説きます。多くの日本人は「世界標準」の言葉に弱いから、この議論は効果的なのかもしれません。

これに対して爆笑問題の太田光は、「憲法九条を世界遺産へ」とうたい、憲法九条は「突然変異」なのであり、その誕生は「一つの奇蹟」なのだからこそ大事にしなければならない、という議論を展開しています（注1）。

日本国憲法九条が世界的にみて特殊なものであることは揺るがぬ事実です。問題は、この特殊性を今後我々がどうするかです。捨てるのか、活かすのか。日本の市民は、そのことの最終判断を下す前に、この特殊なものを世界がどう見ているのかについて知らなければなりません。

GPPAC 東北アジア会議のシンポジウム
(東京・国連大学 2005.2)

ハーグ平和アピール（ＨＡＰ）

一九九九年五月、北大西洋条約機構（ＮＡＴＯ）によるユーゴスラビア空爆の中、オランダのハーグで「ハーグ平和アピール」国際市民会議（ＨＡＰ）が開催され、世界から一万人が集まりました（注2）。アナン国連事務総長も参加しました。ＨＡＰは、「今こそ戦争を廃絶しよう」のかけ声の下、「二一世紀の平和と正義のためのハーグ・アジェンダ」を採択しました。併せて発表された「公正な世界秩序のための一〇の基本原則」は、第一項目で「各国議会は、日本国憲法九条のような、政府が戦争をすることを禁止する決議を採択すべきである」とうたいました。

「ハーグ・アジェンダ」は、（一）戦争の根源と平和の文化、（二）国際人道・人権法、（三）紛争の予防・解決・転換、（四）軍縮と人間の安全保障、という四本の柱を軸に、戦争廃絶のための五〇項目の行動提言を並べました（注3）。また、「一〇の基本原則」の第一〇項目は、「戦争防止地球行動（ＧＡＰＷ）の計画が平和な世界秩序の基礎になるべきである」と述べました。ＧＡＰＷとは、軍縮をすすめ各国の軍隊を削減し国連部隊に集約させていくという数十年単位の世界的行動計画を提唱している国際ＮＧＯです（注4）。つまり、戦争廃絶のための世界的な行動計画の論議の中で、日本の九条がその象徴として位置づけられたのです。

武力紛争予防のためのグローバル・パートナーシップ（ＧＰＰＡＣ）

二〇〇一年六月、アナン事務総長は報告書「武力紛争予防」を出し、紛争予防が国連加盟国の「主

GPPAC 世界会議での平和憲法ワークショップ
(国連会議室 2005.7)

GPPAC 世界会議で（ニューヨーク本部 2005.7）

要義務」の一つであると訴えると共に、NGOに対して「紛争予防に関する大規模な国際会議」を開催することを勧告しました。

これを受けて、オランダのNGO「欧州紛争予防センター」（ECCP）が中心となり、世界的プロジェクト「武力紛争予防のためのグローバル・パートナーシップ」（GPPAC）が始動しました（注5）。GPPACは世界を一五地域に分け、それぞれで紛争予防のための地域提言が策定されました。

東北アジアでは、日本のピースボートなどが推進役となり、地域プロセスが二〇〇四年から開始されました。二〇〇五年二月、東京・国連大学で東北アジア地域会議が開催され、日本、韓国、中国本土、台湾、香港、モンゴル、極東ロシアのNGOが一堂に会して地域の紛争予防を論議しました。

ここで採択されたGPPAC東北アジア地域提言「東京アジェンダ――平和のための地域的メカニズムの創造をめざして」は、東北アジアを覆う冷戦構造を平和体制に転換していくことの重要性と緊急性を訴えました。そして、「日本国憲法九条の原則は、普遍的価値を有するものと認知されるべきであって、東北アジア平和の基盤として活用されるべきである」（前文）とうたいました（注6）。日本の九条擁護は、地域の平和にとっての優先課題であることも確認されました。

一方、同年七月にはGPPAC世界会議が国連本部で開催され、NGO、外交官、国連職員など一〇〇〇人が集まりました。会議では、世界各地域の地域

WPF における数万人のピースウォーク
(バンクーバー 2006.6.24)

WPF において行われた 9 条ワークショップ
(コロンビア大学 2006.6.26)

提言をまとめ上げたＧＰＰＡＣ世界提言「人々が平和を築く」が国連事務総長宛に提出されました。世界提言は、紛争への「反応」から紛争の「予防」へと発想転換が必要であることを強調し、国連、地域機関、政府、市民社会の連携をうたいました。そして、紛争予防の実践例として日本国憲法九条を取り上げ、「日本国憲法九条は、アジア太平洋地域全体の集団安全保障の土台となってきた」と評価しました（注7）。

　地域紛争の頻発の中、武力紛争の予防と解決は「待ったなし」の世界的課題です。その中でＧＰＰＡＣは、「公正な平和を平和的手段によって達成する」ことを基本理念の第一に掲げました。まさに日本の九条の「武力によらない紛争解決」の原則の世界的適用です。

世界平和フォーラム（ＷＰＦ）

　二〇〇六年六月、カナダのバンクーバーで第一回「世界平和フォーラム」（ＷＰＦ）が開催されました。非核平和都市として平和の伝統のあるバンクーバー市が、地元の市民団体と連携して実現したイニシアティブです（注8）。先住民、女性、移民、労働者、平和教育、核廃絶、中東、アジアなどをテーマに数百のワークショップが開かれました。イラク占領の終結やパレスチナ・イスラエルの平和を掲げて数万人のピースウォークが行われました。

　ＷＰＦでは、平和運動が、経済・環境や社会的正義・人権の運動と連携することの重要性が強調されました。経済のグローバル化と格差拡大、世界的な暴力と軍事化の連鎖は一体のものとして進行しています。「シングル・イシュー主義」は乗り越えなければならないというのです。

WPFが採択した最終文書は、全一〇項目の基本要求の第六項目に「各国政府は、軍事費を削減し人間のニーズに投資すること」をうたい、第七項目に「各国政府は、日本の九条のように、憲法により戦争を放棄すること」を呼びかけました（注9）。九条は、世界の非軍事化と民生転換のための重要な装置として評価されたのです。

WPFにおいて国際平和ビューロー（IPB）は、「世界の人的・経済的資源の軍備転用を最小限にすること」を定めた国連憲章第二六条を土台に「軍縮を通じた開発」を求める運動を呼びかけました（注10）。貧困半減を定めた国連の行動計画「ミレニアム開発目標」（MDG）は、大胆な軍縮なしには実現しないというのです。また、各国政府に「平和省」を創設する運動もWPFで展開されました（注11）。これらはいずれも、九条の理念に基づく世界的なアクションと位置づけることができます。

グローバル九条キャンペーン

ピースボートは、これら国際的なNGOと連携して、九条の世界化の運動に取り組んでいます。GPPAC東北アジア地域会議をきっかけに誕生した「グローバル九条キャンペーン」は、昨年八月一五日に全世界同時九条意見広告を実現したほか、昨年一一月三日には日韓同時九条アクションを行いました。先のWPFにおいては、憲法九条ワークショップを、「バンクーバー九条の会」、米国、韓国、コスタリカのNGOなどと共に実現しました。また、ニューヨーク国連本部前に新組織「ピースボートUS」を立ち上げ、九条の普及と促進のキャンペーンに着手しています（注12）。

世界の市民にとって、九条は非常識なものでは決してありません。ただ、知らないだけなのです。九条の存在を知ったとき、多くの人が共感し、合理性を感じています。世界は九条に注目を始めています。それを生かすも殺すも、日本市民の選択と行動にかかっています。

注1　『すばる』二〇〇六年八月号、集英社
注2　ハーグ平和アピール（http://www.haguepeace.org/）
注3　「二一世紀の平和と正義のためのハーグ・アジェンダ」および「公正な世界秩序のための一〇の基本原則」の日本語訳は、B・リアドン他著『戦争をなくすための平和教育』明石書店（二〇〇五）所収。
注4　戦争防止地球行動（GAPW）（http://www.globalactionpw.org/）
注5　武力紛争予防のためのグローバル・パートナーシップ（http://www.gppac.net/）
注6　GPPAC東北アジア地域提言（日本語訳）（http://www.peaceboat.org/info/gppac/agenda_050401.pdf）
注7　GPPAC世界提言（日本語訳）（http://www.peaceboat.org/info/gppac/global_agenda.pdf）
注8　世界平和フォーラム（http://www.worldpeaceforum.ca/）
注9　WPFの報告および最終文書（http://network.socialforum.jp/wpf2006/）
注10　国際平和ビューロー（http://www.ipb.org/web/index.php）「持続的な軍縮を通じた持続可能な開発」キャンペーン（http://www.ipb.org/web/seccion.php?tipus=Programmes-Disarmament-Development）
注11　平和省のための世界同盟（http://www.peoplesinitiativefordepartmentsofpeace.org/）
注12　ピースボートUS（http://www.peaceboat-us.org/）

川崎哲

国際交流ＮＧＯ「ピースボート」共同代表。九条世界会議日本実行委員会事務局長。（九条世界会議は二〇〇八年五月に日本で開催される。）『核拡散――軍縮の風は起こせるか』（岩波新書、二〇〇三年）などの著書がある。

日本国憲法の理念を暮らしと地域に

日本青年団協議会　田中潮

はじめに

青年団とは、その地域に住んでいる若者であれば、誰でも入団できるゆるやかな若者の組織です。過疎化や労働環境の悪化などで若者を取り巻く状況はどこも非常に厳しいですが、それでも青年団は全国各地で盆踊りや地域の清掃活動、子ども達との取り組みなど地域のために様々な活動を繰り広げています。そんな地域青年団が各道府県ごとに組織され、全国組織のネットワークを形成しているのが日本青年団協議会です。

青年団は戦前・戦中に大日本連合青年団として国策に協力し、侵略戦争に荷担した暗黒の歴史があります。また、大日本連合青年団は男性のみで構成されるなど、女性が活躍できる場が奪われていました。

戦争が終わって、地域に帰ってきた若者たちの願いは、「戦争はもういやだ」というものでした。それは、新しく制定された日本国憲法によって具体化されます。以降、青年団は民主的で平和な社会をつくることを目標に掲げ、それぞれの地域で憲法に基づいた価値観を基盤に活動を繰り広げていきました。青年団が男女一体化したのも、憲法・教育基本法の公布によって男女平等がうたわれたことが、大きく影響しています。言うまでもなく青年団は、多種多様な思想信条を持った若者の集団です。しかし、そうした歴史的経緯があるが故に、直接的な行動には現れなくても、平和を求める素朴な精神が今日まで脈々と受け継がれています。

結婚式改善運動――第二四条を地域と暮らしに活かす

新しい時代が到来したとはいえ、農村には封建的な因習や慣習が残っていました。戦後の青年団は、地域からこれに対して真正面から取り組んでいきます。中でもとりわけ特筆されるのが、結婚式改善運動でした。

この運動の始まりは、一九六二年の福井県青年問題研究集会での「結婚式が昔ながらのしきたりで、不合理や無駄が多いのではないか」という発言からでした。当時の農村では、結婚は田畑を売らなければならないほどお金のかかるもので、例えば「結納金は一〇～二〇万円、その一〇倍を花嫁道具として持って行く」「披露宴を六～八時間もあるいは二日間にわたって行われる」（山内清一「私の青年団結婚」より抜粋）などです。この分科会に参加した仲間たちは結婚について討論し、分科会のまとめとして「結婚は憲法にも明記されているように、家がするのではなく本人が自分の意思で行うものである。そのため、結婚する二人が、結婚と人生について真剣に考えて結婚観をまず確立することである。その意味でこの出発点である結婚式がどのような内容を持つべきか回答が出てくる」ということを確認しました。

この分科会に参加した丸岡町の青年は、ちょうど結婚の話があったためこのことについて真剣に考え、仲間と話しあい「丸岡地区青年団結婚運営委員会」をつくり、結婚に関する学習会を始めました。そして翌年、「変わり者のようで世間体が悪い」「会費をとる式など聞いたことがない」「披露宴が寂しく手みやげがないのは我慢がならない」など、親や親類の強い反対の声を押し切り、青年団結婚式県下第一号として、仲間たちの手による手づくりの結婚式を行いました。この報が県下に伝わると、ただちに鯖江市や大野市にも青年団結婚によるカップルが生まれていきます。これらの動きに対し福井県連合青年団は、「青年団結婚の推進を地域の民主化のための社会運動の大きな柱」と位置づけ「福井県青年団結婚推進委員会」を設置し「青年団結婚憲章」を制定します。その前文には、次のように謳われました。

憲法24条がしるされているしおり

「結婚は男性と女性が愛情と信頼の上にたって、明日へのよりよい生活と幸せな未来を創造するために、自分の意思によって行うものである。これまでは家と家とのつながりに重点が置かれ、女性は男性の『家』に嫁入りしたのであるが、私たちの目指す結婚は、あくまで妻となり夫となるものでなくてはならない。従って、婚約に際して家に結納金を送ることは絶対にやめなければならない。（後略）」

前文以下七条から構成されるこの憲章は県内の仲間たちに強い関心を持って受け止められ、県下に青年団結婚式が続々と広がっていきました。また、これについての参考資料を求める声が多くなり、推進委員会では「青年団結婚のしおり」を一万五〇〇〇部作成、県下の全団員に配布されたほか、各地で結婚近代化ゼミナールや青年団結婚推進大会が開催されるなど、若者が求める民主的な地域づくりに大きな成果を上げます。これらは、まさしく、男女平等を定めた憲法二四条の理念が暮らしと地域に花開いた取り組みと言えるでしょう。

戦後五〇年目の不戦の誓い――世界平和を第九条とともに

戦後五〇年を迎えるにあたり、日青協は三年間かけて歴史を見つめる学習を行いました。まず、九二年に沖縄で、翌九三年には長野で全国理事会を開催し、現地の戦跡を見学するなどの学習の場をつくりました。そして戦後五〇年の節目である九五年一月、さらなる学びの積み上げとしてソウルで理事会を行いました。この学習の旅は、参加した理事に大きな衝撃を与えました。元「従軍慰安婦」、在韓被爆者、強制連行被害者の方々から体験談をうかがい、被害者の生々しい傷跡にふれた参加者からは「すまないという気持ちで一杯だ」「肉親の犠牲が一方で大きな加害を生んでいたという事実をどう考えたらいいのか」など、歴史の事実を知った苦悶の声が寄せられました。加害の歴史を知った参加者たちは、その率直な思いを「不戦の誓い」としてまとめ、独立記念館前で読み上げました。それには次のような文言が盛り込まれました。

「ソウルで真摯に歴史を見据えた私たちは、今一度、日本国憲法の精神を思い起こさねばなりません。苦い戦争の精神から『国権の発動たる戦争と武力による威嚇又は武力の行使は国際紛争を解決する手段としては、永久にこれを放棄する』という平和憲法が生まれました。その精神を守り、実践することによって、アジア地域、そして世界中の人々と手をたずさえることができるのです」

実は、日青協がソウルで理事会を開催するのは、このときが初めてではありません。我が国が朝鮮半島を植民地支配していた一九三九年にも、大日本連合青年団第一五回大会がソウルで開催されています。これは、朝鮮連合青年団が結成され、日本の青年団が朝鮮青年もその傘下におさめたことを誇示するために開催されたのです。それから半世紀以上が経過した二〇世紀の終わりに、私たち青年団は同じソウルで歴史の事実を直視し、新しい時代をつくっていく決意を改めて表しました。このことに第九条の精神が底流にあることは、言うまでもないことでしょう。

学びの機会を地道につくる

日青協は、毎年五月三日の憲法記念日に全国の理事と共に憲法学習会を行います。二〇〇七年の今年は、ドキュメンタリー映画「シリーズ 憲法とともに歩む 第一篇 戦争をしない国 日本」の上映会を行いました。今回の上映会にあたって憲法九条についてアンケートをとったところ、九条を「変えない方がよい」という回答が八割近くをしめ、「変えた方がよい」という回答は、わずか三%でした。また、このアンケートでは、次のような声が寄せられました。

「DVDをみて、やはり戦争しないという第九条は大事！　国民（若者）が興味を持つ政治、そして憲法へ関心を持つように若者に知ってもらおー！」

本当に大切なことを学習する機会を奪われている若者たちにとって必要なことは、基本的なことを繰り返し繰り返し学んでいくことです。若者は決して無関心ではありません。学習の機会をつくっていけば、必ず響いていきます。地道ではあるけれど、そのことこそが私たち日本青年団協議会に課せられた課題であり、私たちにとって平和憲法を活かしていく確かな道のりなのです。

宗教者は憲法にどう向き合ってきたか

「宗教者九条の和」世話役・天台宗僧侶　村中祐生

忠霊塔奉賛会の慰霊追悼行事

今年春彼岸会の頃、私は簡易僧衣を着けて忠霊塔奉賛会の主催する慰霊行事に参列しました。神主一人が中心となって幣帛を奉献する儀式をすすめ、次いで地域寺院の中から順番で選ばれた若い僧が追悼の表白を献じました。奉賛会の役員の他に地域代表として町毎の自治会会長が来賓となり、様々な地区諸団体の長たちが参列しました。私は、奉賛会の行事を支援する社会福祉協議会の一員であったことで出席要請を受けていました。

忠霊塔前の広場は、私にとって思い出の場所の一つです。忠霊塔が造られたのは戦争中のこと、間もなく終戦となる頃でした。国民学校六年生になった私たちは、その前庭に芝生を植えて散水する作業に従いました。図体の大きい私は、水をバケツでリレーして送る最先端にいて、出来るだけ遠くに広がるように水撒きに努力したものです。その前庭は松林でした。高等科の生徒は、その松根を掘って松根油を造る助けとなりました。それはガソリンの代用になったといいます。また忠霊塔の内部に

は、川原から拾ってきた小石に経文の一字を書いて納めています。地域の多くの人がその書写に参加しています。

やがて戦争が終わり、成人した私は仏教会に属する住職の一人として毎年の慰霊祭に参加し、戦死者・戦没者を追悼する塔婆を書いて遺族に渡したものです。その後数年して、自治体が主催するその種の宗教色の強い慰霊の行為は、政教分離の精神に反するという理由で、行政の側の人たちが関わる形はなくなっていました。その後は奉賛会が継承しています。

私は、戦後五〇年を記念して、私が住職を務める寺の境内に、聖観音像を奉って檀徒の方の戦死者・戦没者の法名や戦死の年月を側壁に刻みました。その時の表白に、私は憲法の前文を要略して戦後日本の国家の在り方を顕す意を深く汲んで、平和を念ずる想いを叙べて追悼の意としました。その当時の戸数から数えると、五軒に一人の若者が戦死・戦没していることがわかります。その日は一二月八日、太平洋戦争が始まった記念の日、釈迦牟尼佛成道の日に当たります。以後、その日を期して聖観音像の前で平和を祈念する行事を続けています。寺に隣接する保育園・幼稚園の園児やその祖父母が、行事の後のお汁粉の接待を楽しみにして参加してくれます。およそ六〇〇人になりましょうか。

政教分離と愛国心教育

石原慎太郎都知事が当選した報告を、靖国神社参拝をもって行ったというテレビ画像が映りました。石原氏はかつて「みんなで靖国神社に参拝する国会議員の会」の一人でした。いま安倍首相が靖国神社に参拝するかどうか、その言動が国際社会からも関心をもたれています。首相は参否の明言を避けました。その前、小泉前首相の参拝が国際的にも批判されました。そして安倍首相の慰安婦問題発言で、またまた近隣国から強い批判が加えられています。また、この頃、それらの言動に対する国民からの批判があった場合には、国政の中心にある要人たちが挙って「自虐史観」に成るものだといとも簡単に一蹴する発言がありました。

その先、昭和三〇年代の初めから、靖国神社の護持については、その推進を図る勢力の活動が継続し、首相参拝の実際が例となって今日に至っています。それに対しては早く全日本仏教会の反対表明があります。また、昭和四〇年代半ば、靖国神社創立一〇〇年記念の前後には多くの宗教諸団体が靖国法案反対声明を発表しています。靖国神社参拝で最も顕著な意思をもって話題となったのは、数度にわたる中曽根康弘元首相の公式参拝でした。それについて、各地から違憲訴訟が提起されました。昭和六一年には、中曽根元首相は参拝せず、一六閣僚のみが参拝するところとなり、真宗教団連合は靖国公式参拝の中止要請文を首相に提出しています。それら抗議や提訴が相次いだことはいまだ記憶されている通りです。

その頃、私はおよそ三か月間、中国仏教の研究の旅に出ました。文化大革命が終わって暫くした時期です。各地で仏教復興の様相が明らかで、その意気の盛んなことが幸いでした。日本仏僧であることをもって、各地の地区共産党の施設を利用させてもらいました。地方には宿泊の場が無いからです。視察を望んでいた幾つかの寺刹は廃寺跡となり、日本軍の爆撃によって破壊されたことを知らされました。他の破壊された寺の跡地の一角に、日本軍による集団殺戮が行われたという処の指摘、山の岩間に日本軍の銃座が設けられ、道行く村人が狙い撃ちにあった処等、それらの事態が起こった現場を実際に見ました。また到るところに抗日烈士の塔がありました。それら巡った処は、江漢平原、江南平原、江淮平原の地、広大な範囲に及びます。それらの地では、多くの日本軍兵士が戦死しました。

多くの邦人が亡くなったのも事実です。時に、奥深い地の小さな集落の路で、私の姿を見かけて唾する人もいました。

その時の見聞からは、「自虐史観」と一蹴する要人たちが、近現代における日本国の在り方の記憶をどのように形成したものなのか、懐疑の念を持たざるをえません。

言われるように、天皇の軍隊と日中戦争、あるいは広く東アジア等地域に及ぶ太平洋戦争は、ポツダム宣言受諾をもって終結しました。治安維持法廃止、天皇の神格否定、そして、宗教法人令改正公布となり、神社は他の宗教と同じ扱いを受けることになりました。また、日本国憲法が公布され、信教自由が保障されることになりました。そうして政教分離が国是となった筈です。それが靖国神社参拝を図る人びとによって歪曲され曖昧にされようとしています。

なおまた、その間に愛国心の教育を実行させようとする、その教育基本法の改定を意図する言論が強まりつつあることを憂えないではいられません。たとえば、愛国は忠君愛国の熟字で知られるところ、福沢諭吉はこの語を「国家の為めには」と意味付け、歩兵操典に「愈々忠君愛国の精神を砥礪し」とあるように、軍国少年として育てられてきた私の記憶にある言葉です。

この国の宗教の行方と憲法

この原稿起草の四月一六日、国民投票法案の参議院での審議が始まりました。この法案が一般に言われるように、「戦争ができる国へ」傾斜していく方向に動く端緒となる語りを含む可能性を恐れなければなりません。平和憲法の理念は世界の国々が認知し、人類の将来の文化文明構築の行方に語り継がれていくべき人々の理智が顕わされていると信じています。

宗教は、人の精神を豊かに安穏に培う土壌を創り、叡智を養う教化を基軸としています。それは人間の文化的基層を為す「仏国土」の浄化や成就を期するものであり、国家の権力的構造を構想する国体の本義のような理とは無縁です。かつての帝国日本と植民地神社の創建とを連携させた歴史は、憲法によって否定されました。信教自由の原則は、その方向を確かにしています。いま宗教者は、それぞれの信条に立って、正しい宗教の理智を説き明かしていくように務めなければならないと思います。宗教者の「和」「協働」はそういう方向を深く望む想いを表しています。

船員が徴用された暗黒時代の再来は二度と許してはならない

全日本海員組合 組合長　藤澤洋二

資源の少ない島国であるわが国は、昔も今も国民生活を支える日用品から食料品など、産業基盤を支える鉄鉱石・石炭さらには経済活動に不可欠なエネルギー資源等々あらゆる物資を国外から輸入しています。先の大戦はこうした事実を無視して、世界中のほとんどの国を敵に回しての無謀な戦争でありました。海洋国家であるわが国の戦争は、必然的に通商破壊戦となり大量の船舶が徴用されました。

徴用された船舶の八八％は戦争の犠牲となり海底深く沈められました。戦没した船舶数は、官民一般商船が三五七五隻、機帆船二〇七〇隻、漁船一五九五隻となっていて、その被害総数は甚大であります。一方、船員の犠牲は陸海軍人の死亡率をはるかに上まわる四三％となっており、総数は六万二〇〇〇人余と発表されていますが未だ正確な人数は特定されていません。

全日本海員組合は敗戦直後の一九四五年一〇月五日、他の労働組合に先駆けて結成されました。結成大会では戦争により未曾有の犠牲を被った事実を反映して「戦時海員遺家族を救済せよ！」のスロー

イラク占領・有事法制反対集会

ガンが目を引くとともに、戦時下における「海員大衆ノ真ニ涙グマシキ死闘ト想像ニ絶スル夥シキ血ノ犠牲」から永久に訣別すべく「宣言」を採択しました。海員組合結成後六〇年間の運動の基軸は、まさしく平和な海を求めての戦いでありました。

私自身は戦後の生まれで、直接戦争体験を経ずに育った世代であります。しかし、若かりし頃の乗船体験で印象深い思い出があります。それは、ある特定の海域に入ると、必ずお酒や花やおにぎりを船尾から海に捧げ、熱心に海に向かって合掌する先輩たちがいたことであります。数えの一四・五歳で徴用船員となった先輩たちは、自分たちの船団が攻撃を受け、血と油の海に投げ出され、多くの先輩同僚たちが力尽き果て海の底に没していって、己だけが助かったという断腸と慚愧の思いで合掌している姿なのです。

戦後の六〇年間、わが国は現行の憲法に守られ諸外国との間で殺すことも殺されることもなく友好と親善を築いてきました。しかし小泉政権によって有事関連法は制定され、五年以内に改憲するとの意欲を示す安倍政権は改憲の露払いとでもいうべき国民投票法案を与党単独で成立させようとしています。

戦火の海に、夥しい数の船員が徴用され戦没していった暗黒時代の再来を二度と許してはならないと考え、日本国憲法とその理念を多くの人々と学ぶ映画に期待するものであります。

航空労働者と労働組合は憲法にどう向き合ってきたか

航空労組連絡会　議長　山口宏弥

「民間航空は平和産業である。世界の平和なくして民間航空の発展はない」これは、かつて日本航空の社長であった兼子勲氏の発言です。民間航空は政治・経済・文化など国際交流の架け橋としての役割を担っている産業です。ですから平和でなければ民間航空そのものも成り立たちません。現に米国の9・11同時多発テロ事件やアフガニスタン攻撃、またイラク戦争では、世界の各地でテロやハイジャックの危険性が高まりました。そのために保安体制が強化され、旅客への心理的影響もあって航空の需要は低迷しました。

一九八七年のアンダマン海での大韓航空機爆破テロ事件や、一九八八年のスコットランド上空でのパンアメリカン航空機爆破テロ事件、二〇〇一年の米国同時多発テロ事件などはよく知られている事件ですが、その他にも数々の民間の航空機がテロの標的とされてきました。そしてその度に航空で働く労働者は犠牲となってきました。こうしたことから航空労働者は平和の問題に強い関心を持っています。

強まる民間航空の軍事利用

民間機の軍事利用の動きが目立ってきたのは、一九九七年の日米新ガイドライン（日米防衛協力のための指針）以降からのことです。一九九七年六月に全日空のボーイング７６７型機が、沖縄の嘉手納基地から横田基地まで米軍海兵隊を輸送した事件がありました。当初全日空側は「商業ベースによる通常のチャーター便」との説明をしていましたが、私たち航空の労働組合や市民団体が「民間機の軍事利用である」と抗議したために、海兵隊が嘉手納基地へ帰る便では、予定されていた日本エアシステム機（当時）でのチャーター運航は取りやめとなりました。この問題は、後日国会で取り上げられ、政府は「当該便は民間機の運航には当たらない。国の航空機としての運航であった」と認めました。チャーターされた全日空機は、日米地位協定に基づきアメリカ合衆国管理下の運航であったことを認めたのでした。この事件は日本の民間機が日本の航空法を適用しない米軍機として扱われた初めてのケースとなりました。

また一九九八年一月には、那覇空港で日本航空の関西空港行きの便に、米軍の小火器類と火薬四箱、総量五七キロが貨物室に搭載されたため、機長が安全上の理由で、取り降ろした事例がありました。日本の航空法は、憲法九条を受け日本国籍の航空機の軍需品輸送を規定していません。ですから機長の判断は航空法上の機長権限として何ら問題とはされませんでした。この後、日本航空は軍事物資を受託した場合に機長の判断で取り降ろすことになれば現場が混乱するとの理由で、米軍人などの拳銃や受託手荷物を取り扱わないという内容の社内規定をまとめました。このように航空法に則って機長判断を優先させ、社内規定まで変えさせたのは「民間機の軍事利用は法律に反し安全を脅かす」という職場世論が労働組合の運動によって拡がっていたからと言えます。

その後、政府は一九九八年五月の周辺事態法の国会で、これまで航空法が規定していなかった武器・弾薬の輸送について、「梱包方法など安全基準を満たせば輸送は可能である」との見解を示しました。しかし、このような政府の見解が示されても、今日まで日本の民間機による武器・弾薬の輸送は行われていません。

日本の民間機を米軍の作戦行動に組み込む動きも

日本の民間機を米軍の後方支援（兵たん）として利用しようとする動きも表面化してきています。これは米軍が作戦を実施する際に、自衛隊機に比べて航続距離の長い民間の大型機を活用することで大量の物資輸送を可能とするにあります、また米軍が大型輸送機を常備させることに比べて費用が安くて済むことなども理由の一つです。周辺事態法の成立を受けた翌年（二〇〇〇年）八月には、米国国防総省から防衛施設庁を通して民間航空三社に米軍輸送資格取得の要請がありました。これに対して、乗員組合などが所属する航空連加盟組合が「米軍の起こす戦争に巻き込まれ空の安全を脅かす」として反対する運動を展開してきました。日本航空内では乗員組合が、米軍輸送反対のスト権を九〇・六の高率で確立するなど職場全体の関心は高まりました。結果、航空会社は定期航空協会を通じて、防衛施設庁に対して米軍輸送は受け入れられない旨を明らかにしました。しかしその後も航空会社に対して米軍輸送資格取得を要請する圧力は収まっていません。二〇〇五年の総選挙を前に航空連が実施した全政党へのアンケートで、自民党は「民間航空会社は米軍輸送資格を取得すべき」と回答しています。

極秘に行ったイラク派遣自衛隊の輸送

二〇〇六年七月と九月に、イラクに派遣された自衛隊員の帰国に際し、日本航空がチャーター便を四便運航しました。自衛隊は「人道復興支援」を名目にイラクに派遣されましたが、国際的に見れば米英軍を中心とする多国籍軍の一員であり、小泉前首相も国会の場で認めてきました。イラクへの派遣の際には安全上の理由で自衛隊員の輸送を断ってきた日本航空でしたが、撤退であることを理由に「通常のチャーター便」扱いであるとして政府の要求を受け入れました。しかし、派遣であれ撤退であれ、多国籍軍の一員を輸送したことは、民間航空の濫用を禁止した国際民間航空条約に違反した運航であることに変わりはありません。そのような認識があったからこそ、政府も日本航空も運航の日時や出発地・経由地を一切公表せず、報道規制までして秘密裏に運航を行ったわけです。また事前に公表すればテロ標的にされる危険性があったことも否定できません。組合の調査によれば、迷彩服で搭乗した自衛隊員は途中経由地のシンガポール空港で、私服に着替えてターミナルで休養を取ったということです。実に周囲を気にした異常な運航であったわけです。日本航空が主張するように通常のチャーター便であるならば、運航の日時や出発地、経由地、目的地などを全て明らかにすべきでしょう。最近の運航トラブルなどで批判されることの多い日本航空が、その弱みから政府の要求を受け入れざるを得なかったとの見方もありますが、民間の航空会社が軍事輸送に協力するなどというのは、民間航空が自殺行為に走る

「安全に飛行機を飛ばしたい」有事法制反対行動

と言っても過言ではありません。

憲法九条は、民間航空の安全と公共性の歯止め

二〇〇三年に武力攻撃事態対処法と国民保護法が成立しました。そして翌年の九月に国内の各航空会社は「指定公共機関に」指定されました。また自衛隊法一〇三条も改定され、政令で交通運輸産業は業務従事命令対象者に指定されました。

その後二〇〇六年三月には、各航空会社から労働組合に対して、国民保護法に関連した「指定公共機関」の役割と、そのための「業務計画」についての説明が行われました。会社側の説明の要点は、①安全性が担保されること、②強制ではなく事業者が自主的に判断できること、③航空法等関連する法令の範囲内で遵法性が担保されることの三点でした。そしてあくまでも現行法が適用され、業務命令や指示は就業規則に沿ったもので、従来と何も変わりないことが強調されました。この会社側の説明でも明らかなように、今の有事関連法だけでは私たちへの強制力はありません。また協力の範囲ということですから、国から見れば実効性に疑問を持った法律ということなのでしょう。

今日、地球規模での日米同盟が叫ばれ、米軍再編が進められようとしています。米国の高官から「憲法九条が日米同盟を妨げている」との発言も出されるなど、米国からの改憲圧力がいよいよ強まってきています。このような状況を受けて安倍政権は憲法改定とりわけ九条を中心とした改悪に意欲を示しています。民間航空は私たちの闘いの反映もあって、これまで軍事とは一線を画して存在してきました。それは憲法九条が歯止めとなってきたからです。自民党の改憲草案のように何よりも国家が優先され、民間機の軍事利用などが進められれば、もはや民間航空としての存在ではなくなります。安

全と公共性を守り国民に信頼される民間航空として発展させるためには、民間航空の労働者が戦争の加害者にも被害者にもならないことが大切です。憲法九条改悪の動きが強まっている現在、私たちの憲法改悪に反対する運動は、空の安全を守る上でも益々重要となってきています。

港は産業と暮らしを支える日本の玄関口

――港湾を軍事基地にしてはならない

全国港湾労働組合協議会　議長　元木末一

戦後、わが国は貿易立国として経済成長を遂げてきました。資源のない日本は、鉄鉱石や石油を輸入して、加工し製品化して輸出する、いわゆる「加工貿易」が支えてきたといっても過言ではないでしょう。戦後六〇年を経て、グローバル化が進展する中にあって、日本の貿易構造が大きく変化し、荷姿や荷役方法が変わってきましたが、国民の暮らしや産業経済を支える輸出入物資を取り扱うのが私たちの職場、港湾であることに変わりはありません。

戦前の港湾はどうだったでしょうか。戦前は今日で言うところの「有事体制」でした。日本軍のアジア侵略が進められるのと並行して、港湾は「一港一社体制」として軍事体制下に組み込まれ、軍事物資を前線に運び出す兵站基地の役割を強制的に担わされていました。それは、国外においても同様で、港湾労働者は戦線拡大に沿うように最前線の港湾で軍事荷役を担わされてきました。そのために、港湾は連合軍からは標的となり、戦火に晒されてきました。このことは、港湾労働者にとっては、まさに「暗黒時代」であったといっても過言ではないでしょう。

室蘭港からイラクへ出発する自衛艦「おおすみ」へ抗議行動

戦後、日本国憲法の制定はじめ諸改革で、港湾も港湾法が制定されて、自治体によって管理され、地域住民の福祉に資することを第一義として港湾が位置づけられるようになりました。まさに、銃後を支える兵站基地の港湾から、国民の暮らしと産業経済のための港湾に変わったのです。しかし、平和憲法の下にあっても、残念ながら日本の港湾から多くの軍事物資が搬出入されている状況があります。

　自衛隊を自衛軍にして、戦争ができない国から、戦争ができる国に変える日本国憲法九条の改定は、私たち港湾労働者にとっては、職場が軍事基地に変わっていくことです。同時に、港湾労働者もまた銃を持たない兵士に追い立てられることでもあります。

　有事法制、靖国参拝に続く憲法改悪、教育基本法改悪、国民投票法案など小泉・前政権がまいた「暗黒時代の再来」への種は、安倍政権での具体化が進められています。しかし、同時に戦争への道を拒否し、憲法擁護の声もまた確実に広がっています。私たちも、憲法改悪に繋がるあらゆる策動に反対していく決意です。

　映画「シリーズ　憲法と共に歩む」が、日本国憲法を学び、広められるためのものとして製作されることを大いに期待しているところです。

映画は憲法をどのように映してきたか

映画評論家　山田和夫

日本国憲法の記念映画「戦争と平和」

日本を占領統治していた連合国総司令部は、一九四六年の日本国憲法公布と同時に、当時の日本映画界大手三社（松竹、大映、東宝）に憲法記念映画の製作を指示しました。翌一九四七年に公開された「情炎」（松竹、監督渋谷実）、「壮士劇場」（大映、監督稲垣浩）、そして「戦争と平和」（東宝、監督亀井文夫、山本薩夫）の三作品です。日本映画が直接憲法の心を映像に映し出そうとした最初の作品群。占領軍の指示によるものとはいえ、いずれも日本の映画人が長く口を閉ざされていた思いを力一杯語りだしたものばかりでした。

「情炎」は憲法がはじめて保証した女性解放、男女平等の権利をホームドラマで主張、「壮士劇場」は明治時代の自由民権運動をよみがえらせ、民主主義の尊さを語りました。中でも憲法第九条「戦争の放棄」をテーマとして託された「戦争と平和」は、当時最も先進的な東宝砧撮影所の労働組合運動に支えられて、占領軍の思惑を超え、民衆の団結によって平和を守るという主張がリアルな現実描写のなかで展開され、占領軍検閲により三〇分近い削除を強いられました。

映画は南の戦場へ向かう日本軍の輸送船が米軍の爆撃で撃沈されるシーンからはじまります。主人公の兵士は中国の沿岸に漂着して助けられ、戦火の中国各地を流れ歩きます。日本の侵略によって故郷を追われ、放浪を強いられる中国民衆たち。はじめて「聖戦」の真実を体験、敗戦後帰国する。彼を待つ東京の下町は大空襲で焼野原となり、新婚直後に夫が出征した妻は、戦死の公報を受け、夫の親友と結婚しています。戦争の生み出した典型的な悲劇のなかで、主人公は戦争の真の犯人を知り、教育の現場で子どもたちに新憲法九条の精神を話し聞かせるようになります。

この「戦争と平和」は憲法の精神と直接向かい合っただけではありません。日本の戦争が他民族にあれほどの災厄をもたらした侵略戦争であることを、日本の劇映画ではじめて語った画期的な作品です。一七歳の水上特攻兵として敗戦を迎えた筆者は、この映画によって自分の心と意識をまだしばりつづけていた軍国主義の悪夢から解き放たれ、反戦平和への道に踏み出すことができました。

侵略戦争への反省と平和への決意

憲法の精神に忠実であろうとした日本映画は、まずアジア・太平洋戦争の一五年間が、日本による他民族への侵略戦争であったことの歴史認識と反省、それを踏まえた反戦平和の決意を語らなければならなかったのです。

「戦争と平和」の前年（一九四六年）、その共同監督の一人、亀井文夫は中編記録映画「日本の悲劇」を製作しました。戦争中の統制された「日本ニュース」映画を再編集し、それがいかに戦争の真実を歪め、国民を侵略戦争に動員したか、を暴露、昭和天皇の戦争責任にまで言及しました。そのため占領軍はフィルムを没収、一九六七年に返還されるまで、私たちは見ることができませんでした。また「戦争と平和」のシナリオ作家八住利雄は、日本軍の大陸における虐殺を告発した映画「嵐の中の母」(東映、監督佐伯清)のシナリオも書き、映画は虐殺に手を貸した若い日本軍士官のいさぎよい告白でしめ、深い感動を誘いましたが、いま映画は現存せず、見ることはできません。

私たちがいまフィルムかビデオあるいはDVDで見ることのできる代表的な作品は、小林正樹監督の「人間の条件」六部作(一九五九〜六一年。九時間三〇分)と山本薩夫監督の「戦争と人間」(一九七〇〜七三年、九時間二〇分)です。長尺ですが、ぜひ見てほしい記念碑的な二作品です。「人間の条件」は旧満州(中国東北部)で中国人捕虜を奴隷的に酷使する日本大資本の植民地経営の実態をあからさまに暴露するところからはじまり、侵略戦争の罪悪を知り、憲法の重大な意味をいやがでも考えさせます。「戦争と人間」は中国侵略から太平洋戦争へ、軍部の戦争拡大を支え、促進することによって自らの富を肥え太らせた新興財閥の醜悪な顔がむき出しにされます。二度と戦争をしないという私たちの願いと決意は、あの戦争のこのような真実に根ざしています。九条をはじめとする日本国憲法の平和的・民主的条項は、その「願いと決意」の成文化です。

なし崩しの憲法改悪に抗して

一九五〇年、朝鮮戦争の開始とともに米占領軍は日本政府に「警察予備隊」の創設を指示、「保安隊」を経て、現在の「自衛隊」にいたる憲法九条のなし崩し的改悪がはじまりました。

日本映画はまず中編の記録映画「自衛隊　その実態と私たち」(一九七四年、監督片桐直樹)で、当局の妨害を蹴って自衛隊の素顔に迫りました。この映画はライプチヒ(東ドイツ)の国際記録・短編映画祭に出品され、「これでも日本政府は自衛隊を軍隊ではないと言い張るのか」と、欧米ジャーナリストにおどろきの声で迎えられ、映画祭第二位の銀鳩賞を獲得しました。また同じ映画祭で金鳩賞をとった「われわれは監視する・核基地横須賀」（一九七五年、監督荒井英郎）は、在日米軍の核装備を長期の監視活動で突きとめ、日本国憲法はこの角度からも切り崩されている現実を明らかにしました。

アメリカのベトナム侵略戦争が激化するにつれ、日本自衛隊の増強を予定して、日本の若者たちを勧誘して〝兵士〟にしようとする動きが強まります。小林正樹監督は遠藤周作原作の映画化「日本の青春」（一九六八年）で、父の戦争体験を知って防衛大学受験を止める青年にスポットを当て、家城巳代治監督の「ひとりっ子」（一九六九年）は、自民党の介入によって放映を中止されたテレビドラマを劇場用映画に再生、ベトナム反戦運動の経験から「人を殺す」自衛隊を拒否する高校生を描きました。また、深作欣二監督の「軍旗はためく下に」（一九七二年）は、戦争末期における日本軍隊の地獄図絵を見せ、自衛隊の「軍隊化」がもたらすであろう、おそるべき未来を警告しています。

憲法擁護を目ざす新しい創造へ

戦後の日本映画において、広い意味では日本国憲法の平和への願いを映し出した作品は枚挙にいとまがありません。またその作品の質は戦後映画史の貴重な財産として、くり返し見直され、とくに若い世代により広く受け継がれるべきです。たとえば「平和の願い」といえば六一年前に広島と長崎をおそった原爆の悲惨、あるいは「第五福竜丸」の漁民たちの被害、あるいはいまも人びとの体を蝕み、その生命を奪いつつある残留放射能の脅威と、日本映画は劇、記録、アニメのジャンルを超えて数多い貴重な反核映像をつくり出してきましたが、今回はその代表作を紹介する余裕がありません。
そしてこの数年、イラク戦争への自衛隊派遣を機に、海外派兵の日常化が目立ち、つぎの段階として日本を公然と「戦争する国」にするため、九条を中心とした平和憲法の改悪を目ざす策動が加速化しています。いま全国六〇〇〇を超えた「九条の会」の運動は、その危機感をバネにして、憲法改悪反対の世論を国民過半数に広げる固い決意のあらわれです。在日米映画人ジャン・ユンカーマンの長編記録映画「日本国憲法」などが広く歓迎され、心ある日本映画人は、いま劇映画「日本の青空」（監督大澤豊）、記録映画シリーズ「憲法と共に歩む」（監督片桐直樹　他）など、日本国憲法擁護を目ざす新しい創造活動を開始しました。その成果と前進を期待し、それらの作品がより多くの観客をあつめるよう努力したいと思います。

山田和夫
映画評論家。主な著書に『ハリウッド　良心の勝利』、『日本映画一〇一年――未来への挑戦』、『黒澤明・人と芸術』、『映画で世界を読む』など（いずれも新日本出版社）。

編著
ドキュメンタリー映画「憲法と共に歩む」製作委員会
連絡先　東京都新宿区新宿 2-5-11
甲州屋ビル３Ｆ　㈱青銅プロダクション内
電話　03-3358-8169　FAX　03-3352-2922
e-mail：info@filmkenpo.net
http://www.filmkenpo.net

戦争をしない国　日本——憲法と共に歩む
2007年6月15日　初版第１刷発行

編著者 —— ドキュメンタリー映画「憲法と共に歩む」製作委員会
発行者 —— 平田　勝
発行 —— 花伝社
発売 —— 共栄書房
〒101-0065　東京都千代田区西神田2-7-6 川合ビル
電話　03-3263-3813
FAX　03-3239-8272
E-mail　kadensha@muf.biglobe.ne.jp
URL　http://kadensha.net
振替　00140-6-59661
装幀 —— 神田程史
表紙 —— 9条オリジナルデザイン 川上圭三（川上デザイン室）
印刷・製本 – 中央精版印刷株式会社

ISBN978-4-7634-0495-4　C0036